Ulrike Strätling

Ein Glas voller Malzbonbons

Geschichten zum Vorlesen und Erinnern

BRUNNEN
Verlag GmbH · Giessen

Trotz intensiver Recherche konnte der Rechteinhaber des Liedtextes „Badewannentango“ nicht ermitelt werden. Für entsprechende Hinweise ist der Verlag dankbar

MIX
Papier | Fördert gute Waldnutzung
FSC® C083411

2. Auflage 2023

Lektorat: Carolin Kotthaus
Umschlagfoto: Inara Janzen
Umschlaggestaltung: Daniela Sprenger
Satz: DTP Brunnen
Druck: CPI books GmbH
ISBN 978-3-7655-4353-1

www.brunnen-verlag.de

Inhalt

In diesem Büchlein finden Sie Geschichten …

… voller Kindheitserinnerungen

… aus dem Alltag

… über Urlaube

… aus der Natur und mit Tieren

… über Freundschaft und Liebe

… oder zum Mitraten

Ein Glas voller Malzbonbons

Von allen leckeren Süßigkeiten, die es im Tante-Emma-Laden gab, mochte Maria am liebsten die Malzbonbons. Das erste Malzbonbon bekam sie, als sie sechs Jahre alt war, von ihrer Oma. Maria hatte Halsweh und die Oma meinte: „Lutsch mal das Malzbonbon, dann gehen die Halsschmerzen weg." Und genauso war es. Die Halsschmerzen waren wie weggeblasen. Und immer, wenn Maria mal einige Groschen gespart hatte, kaufte sie sich nun Malzbonbons. Im Tante-Emma-Laden an der Ecke.

Maria wurde erwachsen und den Tante-Emma-Laden gab es bald nicht mehr. Nun konnte man in der Drogerie und auch im Supermarkt Malzbonbons in Tüten kaufen. Maria liebte immer noch den malzig-süßen Geschmack von den dunkelbraunen Bonbons. Sie schwörte auf die Wirkungen dieses altbewährten Hausmittels. Maria wusste, dass Malzbonbons den Rachenraum und die Atemwege schützten und die Stimme kräftigten. Maria süßte auch ihren Tee mit einem Malzbonbon. Für die Gesundheit lutschte sie dreimal täglich ein Bonbon.

In der Küche auf dem Schrank stand ein großes Glas,

das einen Deckel hatte. Das Glas war randvoll gefüllt mit Malzbonbons. Man konnte ja nie wissen ... Vielleicht kamen ja einmal schlechte Zeiten und sie würde sich keine Bonbons mehr kaufen können.

Einmal ging Maria an einem sonnigen Nachmittag in den Park. Sie setzte sich auf eine Bank an den kleinen Fischteich. Maria schloss die Augen und genoss die warmen Sonnenstrahlen. Sie wäre fast eingenickt und zuckte deshalb ordentlich zusammen, als jemand neben ihr hustete. Ein Mann hatte sich unbemerkt dazugesetzt. Und der hatte einen schlimmen Husten. Sofort holte Maria ihr „Döschen für unterwegs" aus der Handtasche. Sie bot dem Mann ein Malzbonbon an. Der nahm es dankend und lutschte nun.

„Das tut gut, sooo gut", sagte er nach einer Weile.

Maria und der Mann kamen ins Gespräch und ehe sie sich versahen, war der Nachmittag vorüber. Das fanden beide sehr schade und darum verabredeten sie sich für den nächsten Tag. Gleiche Uhrzeit, gleicher Ort, gleiche Bank. Maria versprach, Malzbonbons mitzubringen. Und weil sie den Mann so nett und sympathisch fand, versprach sie ihm außerdem, ihm bald das Glas voller Malzbonbons zu zeigen.

Und damit begann eine lange Freundschaft. Was ein Malzbonbon so alles kann ...

Der Zwiebelrostbraten

Es war Samstagnachmittag, als ein würziger Duft durch die Wohnung zog. Es war der herrliche Geruch von frisch angebratenem Fleisch mit einer guten Menge Zwiebeln. Frau Roseneck stand am Herd und passte auf, dass nichts anbrannte. Vom leckeren Geruch angelockt, schlurfte Herr Roseneck in die Küche. „Mhm“, rief er, „das duftet aber gut. Was ist das?“

„Das wird ein köstlicher Zwiebelrostbraten“, antwortete Frau Roseneck.

„Für heute?“

„Nein, für morgen.“

„Oh. Kann man denn schon ein wenig kosten?“, fragte Herr Roseneck.

„Das kommt überhaupt nicht infrage, der ist für Sonntag“, meinte Frau Roseneck.

„Aber das riecht soooo lecker“, sagte Herr Roseneck enttäuscht und schlurfte zurück in das Wohnzimmer. Die Sportschau fing an. Frau Roseneck brachte ihm ein Leberwurstbrot und zwei Gürkchen.

Um zweiundzwanzig Uhr gingen die Rosenecks schlafen. Selbst im Schlafzimmer roch es noch recht herzhaft nach dem Zwiebelrostbraten. Herr Roseneck konnte nicht einschlafen. Ständig lief ihm das Wasser im Mund zusammen. Punkt vierundzwanzig Uhr stand er leise auf. Er hatte unentwegt an den Zwiebelrostbraten denken müssen und war dabei sehr hungrig geworden. Auf leisen Sohlen schlich er in die Küche. Vorsichtig öffnete er den Kühlschrank. Da stand er, der Topf mit dem Braten. Behutsam nahm er ihn heraus und öffnete den Deckel. Oh, sah das gut aus! Er holte sich eine Gabel und ein Messer aus der Besteckschublade. Dann schnitt er sich ein Stück vom kalten Braten ab. „Oh, lecker, so gut!“, murmelte er kauend. Jetzt war er auf den Geschmack gekommen. Er schnitt sich ein weiteres Scheibchen ab. Dann noch mal und noch mal. Der Zwiebelrostbraten wurde immer kleiner. Er aß und aß, bis dass nur noch ein winziges Stück übrig war. Satt und zufrieden legte er sich etwas später wieder in sein Bett und schlief nun wie ein Murmeltier.

Am Sonntagvormittag hallte ein Schrei durch die Küche. Frau Roseneck hatte den Topf geöffnet und die Bescherung gesehen. „Ja bist du denn von allen guten Geistern verlassen. Das reicht ja gerade nur noch für mich“, rief sie erbost. Und so kam es, dass der Herr Roseneck an diesem Mittag nur Kartoffeln und Soße bekam. Aber er sagte nichts und aß schweigend, denn schließlich hatte er in der Nacht mehr als genug gegessen.

Die Kartoffelkäferplage

Früher besaßen meine Eltern ein großes Kartoffelfeld. Unsere ganze Familie aß gerne Kartoffeln. Gekocht, gestampft oder gebraten, mit Spiegelei, Speck oder Gemüse. Samstags gab es immer einen leckeren Kartoffelsalat mit einer Brühwurst dazu. Und damit die Kartoffeln auf unserem Feld tüchtig wachsen konnten, passte mein Vater besonders gut darauf auf. Vor allem im Monat Juli, dann kamen nämlich die Kartoffelkäfer.

Sie kamen in Scharen angeflogen. Hungrig fraßen sie in kurzer Zeit die Pflanzenblätter der Kartoffeln ab. Wir nannten den Kartoffelkäfer auch Erdapfelkäfer. Und weil mein Vater sie alleine nicht alle einsammeln konnte, fragte er mich, ob ich ihm dabei helfen wollte. Für jeden Käfer, den ich einsammeln und in ein Schraubglas stecken würde, versprach er mir einen Pfennig zu geben. Für dreißig Pfennige bekam man damals schon ein großes Eis. Also versprach ich zu helfen und ging gerne hinaus auf das Feld, um die Kartoffelkäfer einzufangen.

Es war heiß, als ich durch die Kartoffelpflanzen kroch. Überall saßen die Käfer und fraßen gierig die Blätter. *Oje*, dachte ich. Die Pflanzen würden jämmerlich eingehen, wenn ich sie nicht absuchen würde. Ich fand es ziemlich ekelig, diese Käfer anzufassen. Sie zappelten, wehrten sich und wollten wegfliegen. Aber ich traute mich – und *zack* hatte ich auch schon den ersten Käfer im Glas. Ein Pfennig war mir schon mal sicher! Aber es war nicht so einfach, wie ich es mir vorgestellt hatte. Einige entwischten, bevor ich sie greifen konnte. Doch nach einer Stunde hatte ich schon fünfundzwanzig von ihnen in meinem Schraubglas. Das spornte mich an. Noch fünf Käfer und ich konnte mir für dreißig Pfennige das große Eis kaufen.

Freudig überreichte ich meinem Vater das Glas mit den Kartoffelkäfern. Ich bekam meine Belohnung und lief los, um mir das Eis zu kaufen. Was mein Vater anschließend mit den gesammelten Käfern gemacht hat, weiß ich bis heute nicht. Vielleicht hat er sie ja auf einem anderen Kartoffelfeld wieder fliegen lassen.

Grillwurst mit Wespen

Es war ein Sommer, der uns große Hitze gebracht hatte. Die Bauern hatten allen Grund zum Stöhnen. Das Getreide vertrocknete auf den Feldern, der Mais wollte nicht wachsen und die Wiesen wurden durch die große Hitze alle braun. Kühe und Pferde fanden nichts mehr zu fressen. Der Regen fehlte. Die Wespen allerdings freuten sich über die trockene Hitze. Sie liebten dieses Wetter und konnten sich prächtig vermehren. Im Nu kam es zu einer Wespenplage. Überall brummte und summte es. Beim Bäcker sah man vor lauter Wespen schon keine Kuchenteilchen mehr. Sie waren überall. Auch auf der Grillwurst von Theo. Seine Frau Anna hatte ihn gewarnt. „Wir können unmöglich draußen essen. Die Wespen werden uns attackieren", hatte sie gesagt.

„Quatsch", hatte Theo gemeint, „wenn mein Grill ordentlich qualmt, verschwinden sie ganz von alleine."

„Aha", meinte seine Frau dazu.

Theo zündete die Holzkohle an und seine Frau Anna deckte den Tisch. Theo legte die Würstchen auf. Es duftete köstlich. Mit einer kalten Flasche Bier in der Hand – so machte das Grillen Spaß! Doch kaum lagen die Würstchen auf dem Teller, kamen die gelb-schwarzen

Brummer auch schon in Scharen angeschwirrt. Sie waren angriffslustig und bereit, die Würste für sich zu erobern.

Theos Frau schrie: „Oje, oje. Vielleicht zieht dein Rasierwasser sie an."

Theo verdrehte die Augen, er wollte jetzt nur seine Grillwurst essen. Doch die saß voller Wespen. „Das ist meine Wurst und ich will sie zurück", rief Theo. Aber wie? Die Wespen fraßen sich bereits satt.

Seine Frau kam mit angezündetem Kaffeepulver. Sie stellte den Teller auf den Tisch. Das sollte angeblich die Wespen vertreiben. Es qualmte und roch wie in einer Kaffeerösterei, doch die Wespen vertrieb es nicht. Die waren hartnäckig und fraßen weiter. Da kam Theo eine Idee. Er lief ins Haus und holte eine von seinen Lieblingszigarren. Die war kräftig, würzig und sogar von Hand gerollt. Er steckte sie an und blies mit dem Rauch um sich. Er blies so lange, bis den Wespen schwindelig wurde und sie den Rückflug antraten. Endlich waren die Teller und Würste wespenfrei. Theo und seine Frau konnten in Ruhe essen. Zwischendurch rauchte er immer mal wieder an seiner Zigarre, damit keine Wespen mehr in ihre Nähe kamen.

Und wie fand Theos Frau das? Naja, sagen wir mal so: Normalerweise hätte sie bei dem Rauch die Nase gerümpft. Heute aber grinste sie ihren Mann nur an und sagte: „Ich hätte nie gedacht, dass ich einmal so dankbar über Zigarrenqualm sein würde."

Ein Herz für Tiere

Kinder haben ein besonders großes Herz für Tiere. Am liebsten wollen alle Kinder ein Tier zu Hause haben. Gerne einen Hund oder eine Katze. Andere wollen lieber ein Meerschweinchen oder einen Hasen. Manche wollen ein Pony oder gar ein Schaf. Meine Enkelin Verena wünschte sich auch ein Haustier, hatte sie doch auch so ein großes Herz für Tiere.

Ich heiße Helmut und ich habe Schildkröten. Ich mag Schildkröten. Im Sommer sind sie draußen im Garten, in einer von mir selbst gebauten Schildkrötenanlage. Meine Enkelin Verena kommt mich und die Schildkröten gerne besuchen.

Es war ein warmer Sommertag, als Verena wieder einmal bei mir im Garten war. Plötzlich meinte sie, dass die Schildkröten doch auch mal Urlaub machen sollten. Ich fragte sie, wie das wohl funktionieren sollte.

Verena hatte gleich eine Idee. „Opa, das ist doch ganz einfach. Wir holen sie aus ihrem Gehege und lassen sie im Garten laufen.“ Gesagt, getan.

Meinen Schildkröten, mit ihrem schönen Panzer, schien der Ausflug zu gefallen. Sie liefen, so schnell sie konnten, über die Wiese, in Richtung Nachbars Garten.

Dort suchten sie sogleich nach etwas Fressbarem. Die eine fand Löwenzahn köstlich, die andere Klee und die Dritte machte sich über einen Salatkopf her.

Ich schaute mit meiner Enkelin noch eine ganze Weile zu. Den Schildkröten schien der Ausflug gut zu gefallen, man merkte es ihnen an. Sie hatten mächtig Spaß. Doch dann hörten wir die Oma rufen: „Das Essen ist fertig."

Nun hieß es, die Schildkröten schnell wieder einzusammeln. Ich schnappte mir zwei von den drei Schildkröten. Doch wo war die dritte? Leo war nicht zu sehen.

Zum Glück entdeckte meine Enkelin ihn schließlich unter einem großen Salatkopf. Sie nahm Leo auf den Arm und wir brachten gemeinsam alle drei Schildkröten wieder zurück ins sichere Gehege. Jetzt konnten wir in Ruhe essen.

Frühstück im Café

Bei folgender Geschichte heißt es, die Lücken mit den richtigen Worten zu füllen. Wer das Wort weiß, kann es dem Vorleser zurufen. Der Vorleser sollte an den ent-

sprechenden Stellen eine Pause machen und auf die Lücke aufmerksam machen.

Rosel und Herbert waren frisch verliebt. Beide waren nicht mehr ganz so jung, aber das Alter spielt in der Liebe ja keine Rolle. Man kann sich auch in späteren Jahren noch einmal verlieben. An einem Samstagmorgen spazierten Silvia und Christian zum Frühstücken in ein kleines _____ (Café). Am Fenster war ein schöner _____ (Tisch) frei. Sie nahmen Platz. Weil sie sich noch nicht sicher waren, was sie essen wollten, schauten sie zunächst in die _____ (Karte). Christian schlug das „Frühstück für zwei“ vor. Dabei gab es auch für jeden ein Glas mit prickelndem _____ (Sekt). Silvia war einverstanden und Christian _____ (bestellte).

Kurz darauf kam ein üppiges und leckeres _____ (Frühstück). Dazu gab es duftenden, frischen _____ (Kaffee). In einer Schale war Rührei. Das aß Christian besonders gerne auf einem _____ (Brötchen). Silvia nahm sich auch ein Brötchen und belegte es mit Schinken. Außerdem gab es noch Käse und _____ (Wurst). Schön garniert war alles mit kleinen sauren _____ (Gürkchen) und kleinen roten _____ (Tomaten). Marmelade und Quark gehörten auch noch zum Frühstück. Silvia und Christian fragten sich, wie sie das alles schaffen sollten. Aber sie hatten es nicht eilig, sie hatten viel _____ (Zeit).

Dann erhoben sie ihre Sektgläser und prosteten

sich zu. Der Sekt schmeckte fruchtig. Sie ließen es sich schmecken und nach einer Stunde war alles aufgegessen. Jetzt waren ihre Bäuche _____ (voll). Nach diesem ausgiebigen _____ (Frühstück) brauchten die beiden dringend Bewegung. Also ging es ab in den Park, um einen ausgedehnten Spaziergang zu _____ (machen).

Die alte Bank

In einem Park stand eine schöne alte Eiche. Unter dieser Eiche befand sich eine Bank. Eine alte Holzbank. So manches Liebespaar hatte dort seine Namen eingeritzt. Oft mit einem Herzchen, worin die Namen standen. Manchmal waren es auch nur die Anfangsbuchstaben. Diese Bank war der Lieblingsplatz von Valentin. Auch er hatte einst vor vielen Jahrzehnten in diese Bank ein Herz geritzt. V für Valentin und ein B für Betina. Betina war seine erste große Liebe gewesen. Valentin hatte sie nie vergessen. Damals war er sehr traurig gewesen, als seine Betina ins Ausland ging, um dort zu studieren. Und noch trauriger, als sie dort blieb. Valentin hatte leider nie Geld genug gehabt, um sie zu besuchen.

Seitdem waren fünfzig Jahre vergangen. Seit er Rentner war, ging Valentin jeden Morgen zu dieser alten Bank. Er streichelte das eingeritzte Herz und setzte sich dann in den Schatten der alten Eiche auf die Bank. Er träumte von Betina, bis es Zeit war heimzugehen.

Es war ein schöner sonniger Sonntagvormittag, als Valentin wieder einmal zu der Bank lief. Es sollte sehr warm werden an diesem Tag und so hatte er sich eine kleine Flasche Wasser eingesteckt. Schon von Weitem sah Valentin, dass bereits jemand auf der Bank saß. Doch niemand würde ihn abhalten, auf seiner Bank Platz zu nehmen. Er würde sich einfach dazusetzen. Die unbekannte Person würde dann sicherlich aufstehen und gehen.

Valentin grüßte höflich und setzte sich. Er konnte sein Herz nicht streicheln, die Dame saß direkt davor. Er musste also warten, bis sie weiterging. Doch die Frau blieb sitzen. Sie saß und saß und Valentin wartete und wartete. Nach einer halben Stunde wagte er einen Seitenblick. Die Frau hatte den Kopf gesenkt und die Augen geschlossen. Ihre Hände lagen gefaltet in ihrem Schoß. Es sah so aus, als wenn sie ein stilles Gebet sprechen würde. Oder schlief sie gar? Nach einer vollen Stunde wagte Valentin erneut einen Blick. Die Dame saß unverändert auf ihrem Platz, auf der schönen alten Holzbank. Sie war zierlich und hatte wundervolles graues, lockiges Haar, fiel Valentin auf. Plötzlich stutzte er. Das Gesicht, die Nase, die Hände – das kam Valentin alles so bekannt und vertraut vor.

Da schlug die Frau die Augen auf und blickte Valentin an. Lange schauten sie sich in die Augen. Dann flüsterte die Frau: „Valentin? Bist du Valentin?"

Valentin flüsterte: „Ja, ich bin Valentin. Und du bist meine Betina." Dann fielen sie sich in die Arme, küssten sich und hielten sich lange fest. Nach fünfzig Jahren waren sie endlich wieder vereint. *Ja, man sollte die Hoffnung einfach niemals aufgeben,* dachte Valentin glücklich.

Wie ein Einkaufszettel für meinen Mann aussieht

Zwei Schlangengurken (das sind die langen grünen Dinger)

Ein Liter Milch (dritter Gang links, im Kühlregal, notfalls die Verkäuferin fragen)

Grillwürstchen (ich bin mir sicher, du weißt, wo die liegen)

Eier (sag nicht, dass wir die nicht brauchen, nur weil du sie nicht magst)

Gemüse (das ist das, was ich zum Fleisch serviere, liegt gleich im Eingang rechts)

Zucker (erster Gang links, das ungesunde weiße Zeug, das du dir massig in den Kaffee schüttest)

Ein Stück Emmentaler (ganz hinten an der Käsetheke, notfalls dem Geruch nach)

Ein Glas Erdbeermarmelade (gleich im ersten Gang die bunten Gläser – rot ist Erdbeermarmelade)

Sechs Tomaten (gleich im Eingang rechts, die roten runden Dinger)

Keine Grillkohle (wir haben schon zehn Säcke)

Keinen Bohrer (du hast schon vier davon)

Keine fette Salami (mir ist von der letzten noch schlecht)

Und bitte keine Umwege, sondern direkt zur Kasse und auf schnellstem Wege nach Hause.

Ich liebe dich trotzdem!
Deine Frau

Gelee-Bananen und Schokokugeln

Einmal in der Woche traf sich Gertrud mit ihrer Freundin. Das machten sie schon seit Jahren so. Bei einer heißen Tasse Kaffee und einem Stück Torte redeten sie dann über die guten alten Zeiten. Oft saßen sie mehrere Stunden gemütlich beisammen. Es gab ja so viel zu erzählen!

Diese Woche Mittwoch hatten sie besonders großen Spaß. Gertrud hatte ihnen beiden Eierlikör eingeschenkt. Nun prosteten sie sich zu und nippten am Glas.

„Mh, der schmeckt gut“, sagte Gertrud und leckte sich über die Lippen. Ihre Freundin bestätigte das mit einem Nicken. Dann meinte sie: „Kannst du dich noch an die vielen schönen Geschäfte hier in unserem Viertel erinnern? Heute stehen fast alle leer, weil die Leute alles im Internet kaufen. Oder sie bestellen sich die Sachen aus dem Katalog.“

„Ja, so ist das“, meinte Gertrud. Kannst du dich noch an den Tante-Emma-Laden erinnern? Der war richtig gut. Immer wenn es Taschengeld gab, habe ich mir dort Schokokugeln gekauft.“

Die Freundin sagte: „Die waren aber auch lecker.

Ich mochte so gerne die Gelee-Bananen. So gute Gelee-Bananen habe ich nie wieder gegessen."

Gertrud seufzte und sagte dann: „Das waren noch Zeiten. Früher war alles besser. Mensch, haben wir eine tolle Kindheit gehabt. Wir haben auf dem Bordstein gesessen und Eis geschleckt. Kaum ein Auto fuhr vorbei. Wir konnten bequem die Beine lang auf die Straße ausstrecken."

Gertruds Freundin nickte eifrig: „Ja, unsere heutigen Kinder kennen das gar nicht mehr. Wenn meine Oma mir früher mal einige Groschen geschenkt hat, bin ich gleich losmarschiert und habe mir eine Tafel Sarotti-Mohr-Schokolade gekauft. Weißt du noch, wie wir sie uns dann geteilt haben?" Gertrud und ihre Freundin schwelgten in Erinnerungen. Sie sahen sich mit ihren schokoladenverschmierten Mündern vor sich und mussten lachen.

Dann genehmigten sie sich noch ein zweites Glas Eierlikör und mit erhobenem Glas sagten beide gleichzeitig: „Prost, auf die guten alten Zeiten."

Die Badekugel

Therese hatte Geburtstag. Der Kaffeetisch war festlich gedeckt, die Buttercremetorte stand in der Mitte. In der Küche lief frischer Kaffee durch und die gute Bärenmarke stand ebenfalls schon auf dem Tisch. Es duftete herrlich nach Kaffee und Kuchen. Therese hatte ihr Sonntagskleid an. Jeden Moment konnte es klingeln. Therese erwartete ihre Tochter mit Familie. Therese war 60 Jahre alt geworden und diesen Geburtstag wollte sie ordentlich feiern.

Der Besuch war pünktlich und brachte Geschenke mit. Therese packte aus:

Eine Flasche 4711, echt Kölnisch Wasser. Herrlich, dass es das noch zu kaufen gab.

Dann kam eine Dose Nivea-Creme zum Vorschein.

Und dann eine bunte Kugel.

Was war das? Therese wusste nichts damit anzufangen. Die Tochter erklärte, dass dies eine Badekugel sei. Die käme ins Badewasser – und das am besten, wenn man schon drinsitze. Es sei ein tolles Badevergnügen. Aha. Soso. Therese wurde neugierig und versprach, es auszuprobieren.

Gleich am nächsten Morgen ließ sich Therese

Badewasser ein. Es war Samstag und sowieso Badetag. Die Badekugel war ausgepackt und lag bereit. Sie duftete und sah schön aus. Therese stieg in die vollgefüllte Wanne. Dann nahm sie die schöne bunte Badekugel und legte sie auf den Grund der Wanne. Plötzlich fing es in der Wanne an zu prickeln und zu sprudeln. Die Badekugel begann sich langsam aufzulösen. Luftbläschen blubberten wie kleine Perlen nach oben. Es roch blumig, wie auf einer schönen Blumenwiese. Das Wasser färbte sich mal rot, mal blau, mal gelb.

„Oh, wie schön, wie wunderschön!", rief Therese begeistert. Sie schaute der Kugel zu, bis sie sich aufgelöst hatte. Das Badekugel-Wasser fühlte sich sehr angenehm auf der Haut an und als Therese aus dem Wasser kam, roch sie nach Blumen. So herrlich hatte sie noch nie geduftet. Sie wollte mehr davon. Sie nahm sich vor, gleich in der kommenden Woche eine neue Badekugel zu kaufen. Oder vielleicht auch zwei?

Ein Spaziergang auf dem Deich

Zu einem Urlaub an der Nordsee, in Ostfriesland, gehört unbedingt ein Spaziergang auf dem Deich. Die Deiche ziehen sich an der gesamten Küste entlang und schützen vor Hochwasser. Man kann gut auf ihnen laufen und gelangt auf diese Weise von Ortschaft zu Ortschaft.

Es war Anfang September und ein wunderbarer Spätsommertag, als ich zum Deich lief. Auf dem Deich grasten Schafe. Je näher ich kam, umso deutlicher konnte ich sie sehen. Eine große Herde Schafe, die ein Fell aus dicker Wolle trugen. Ich öffnete das Gatter und schon war ich mitten unter ihnen. Sie fraßen das saftige Gras. Die Menschen nennen sie auch liebevoll ihre „Rasenmäher“, denn sie halten das Gras auf den Deichen schön kurz. Ich musste gut aufpassen, wohin ich trat. Denn überall lagen ihre Hinterlassenschaften. Na ja, wer viel frisst, der muss eben auch viel verdauen. Lämmer standen bei ihren Müttern oder erkundeten ihre Umgebung. Einige konnte ich streicheln. Sie fühlten sich schön weich an.

Hier oben auf dem Deich war es windig. Der kräftige Wind zerzauste meine Haare. Ich blieb stehen. Einige

Schafe meckerten und liefen vor mir weg. Die Schafe sind wichtig für so einen Deich. Mit ihren Hufen stampfen sie den Boden fest. Ich genoss den Ausblick auf das Meer. Es zog sich langsam zurück, bald würde Ebbe sein und das Watt freiliegen. Ich atmete tief ein und aus. Die Seeluft war gut für die Atemwege und für die Lunge. Sie war leicht salzhaltig. Ich schmeckte das auf den Lippen.

Über mir kreischten viele Silbermöwen. Sie kamen jetzt in Scharen und wollten sich im Watt satt fressen. Es war für alle genug da, auch für die Lachmöwen und Austernfischer. Die haben einen besonders langen Schnabel und können damit tief im Wattboden nach Nahrung suchen. Alle wurden satt, der Tisch war reichlich gedeckt. Krebse, kleine Fische, Muscheln und Austern. Der treue Gott hatte an alle gedacht, als er das Meer erschaffen hat.

Ich genoss die Natur, die Tiere und die Landschaft. Schmetterlinge umschwirrten mich, Bienen und Hummeln brummten und summten. Ich dankte Gott, dass ich das alles sehen durfte. Dann ging ich zurück. Den Spaziergang wollte ich mit einem großen Eisbecher beenden.

Rote Fingernägel

Wenn Betsie sich mit ihren Freundinnen traf, sah sie immer neidisch auf die schönen lackierten Fingernägel der anderen. Die eine hatte ihre Nägel rosa lackiert, eine andere Freundin trug ihre Nägel in einem leuchtenden Rot und eine andere in Dunkelrot. Betsie fand das wunderschön. Sie wollte auch so schöne Nägel haben. Und deshalb beschloss sie an einem Dienstagvormittag in die Stadt zu gehen, um sich Nagellack zu kaufen. Ein schönes Rot sollte es sein.

Schnell war der Drogeriemarkt erreicht. Betsie steuerte sofort auf das Regal mit dem Nagellacksortiment zu. Es gab eine riesige Auswahl. Von farblos bis zartrosa, hellrot, dunkelrot, mit Glitzer und ohne Glitzer, ja, es gab sogar Nagellack in Blau. Oje, wie sollte sie sich da nur entscheiden! Unschlüssig sah sie hin und her.

Da kam eine Verkäuferin herbei und fragte, ob sie behilflich sein konnte. Betsie erklärte ihr, dass sie gerne einen schönen roten Lack wollte. Die Verkäuferin zeigte ihr eine Palette mit kleinen bunten Plastiknägeln. Das gefiel Betsie, nun konnte sie sich vorstellen, wie die Nägel aussehen würden. „Dieser hier gefällt mir gut“, meinte sie und zeigte auf einen dunkelroten Plastikfingernagel.

Die Verkäuferin meinte: „Das ist eine gute Wahl. Aber zeigen Sie mir doch bitte mal Ihre Fingernägel." Betsie hielt ihr die Hände entgegen. „Sie brauchen noch einen guten Unterlack, der die Rillen in Ihren Nägeln füllt. Und dann noch einen Überlack, dann hält der rote Nagellack besser."

„Ach herrje! So viel?", meinte Betsie erschrocken.

„Ja, Sie wollen doch lange Spaß haben an Ihren roten Fingernägeln", sagte die Verkäuferin.

„Können Sie mir die Reihenfolge aufschreiben? Ich bin nicht mehr die Jüngste und vergesse schon mal was", meinte Betsie.

„Natürlich. Ich suche Ihnen alles zusammen. Möchten Sie auch noch den passenden Lippenstift dazu?", fragte die Verkäuferin.

„Ja, gerne." Und so wanderten ein Unterlack, der rote Nagellack, der Überlack und ein Lippenstift in den Einkaufskorb. An der Kasse wurde es ziemlich teuer, doch das war Betsie egal. Ihre Freundinnen würden staunen.

Wieder zu Hause begann sie sofort, sich die Fingernägel zu lackieren. Erst den Unterlack, dann trocknen lassen. Dann den roten Lack und wieder trocknen lassen. Zum Schluss dann den Überlack und auch der musste wieder trocknen. Das dauerte alles ziemlich lange. Betsie wurde nach einiger Zeit ziemlich zappelig.

Geduld war nicht ihre Stärke. Aber schön sahen die Fingernägel aus, als sie fertig war. Dann malte sie sich noch die Lippen rot an und bewunderte sich anschließend im Spiegel. Schick sah sie aus! Ja, das Ergebnis gefiel ihr. Eineinhalb Stunden hatte sie gebraucht und viel Geduld. Aber hieß es nicht schon immer, „Wer schön sein will, muss leiden"?

Ein Rehkitz im Garten

Am Rande der Stadt stand ein kleines Einfamilienhaus, mit einem schönen Garten. Hier wohnten Herr und Frau Sauer. Das Haus lag sehr ländlich. Rundherum gab es Felder, Wiesen und Wälder. Eines Tages geschah etwas Ungewöhnliches. Früh am Morgen entdeckte Frau Sauer etwas auf der Wiese. Sie lief hinaus und stellte fest, dass dort ein Rehkitz lag. Es war noch sehr klein und es hatte sich zusammengekauert. Sein kleiner Körper zitterte. Es wartete ängstlich auf seine Mama.

Herr und Frau Sauer beschlossen, auch auf die Mutter zu warten. Die Zeit verstrich. Das kleine Kitz, mit seinen typischen weißen Rehkitzpunkten, lag unverändert da. Herr und Frau Sauer wussten, dass sie es nicht anfassen durften. Es hätte dann nach Mensch gerochen und die Mutter hätte es verstoßen. Also warteten sie und beobachteten das Kitz. Der Tag verging, aber es kam keine Mutter. Sicherlich war sie Opfer eines Verkehrsunfalles geworden und das Kitz war jetzt mutterlos.

„Wir müssen das Kitz ins Haus holen. Die Nächte sind noch kühl“, schlug Frau Sauer vor.

„Mh“, machte Herr Sauer, „aber wohin mit ihm?“

„Hol doch bitte den alten Holzlaufstall der Kinder aus dem Keller. Ich hole das Kitz“, sagte Frau Sauer und war schon unterwegs.

Von da an lebte das Rehkitz im Laufstall, der im Wohnzimmer stand. Es bekam Ziegenmilch und wurde Felix genannt. Es war nämlich ein Böckchen. Als Felix größer und kräftiger wurde, bekam er Kräuter aus dem Garten. Er durfte dort auch frei umherstreifen. Gerne versteckte er sich. Aber wenn Frau Sauer kam, so sprang er gleich herbei. Leider fraß Felix nicht nur Kräuter und Wiese, sondern auch Frau Sauers schöne Rosen. Doch am liebsten mochte er Löwenzahn.

Als Felix groß genug war, mussten Herr und Frau Sauer Abschied nehmen. Felix war ein schöner Rehbock geworden und durfte zurück in die Freiheit. Mit nur wenigen Sprüngen sprang er in den Wald hinein – und fort war er.

„Vielleicht kommt er uns mal besuchen", sagte Herr Sauer.

„Ganz bestimmt", meinte Frau Sauer und nickte heftig mit dem Kopf. „Ganz bestimmt kommt Felix uns besuchen."

Neckermann macht's möglich

In einem Mietshaus, in dem mehrere Menschen wohnen, begegnet man recht häufig dem einen oder anderen Nachbarn. Das ist dann immer eine nette Gelegenheit für ein kleines Schwätzchen: „Was kochen Sie denn heute?", „Haben Sie schon gehört?", „Wussten Sie schon, dass...?", „Beim Metzger gibt es tolle Angebote."

Klatsch und Tratsch sind etwas Herrliches.

Es war Dienstagnachmittag, als Edwina sich schick angezogen und nett zurechtgemacht hatte. Mit ihrem neuen Kleid, der passenden Handtasche und Absatzschuhen wollte sie flanieren gehen. Einfach ein wenig durch die Straßen bummeln. Im Treppenhaus traf Edwina auf Helga. Helga wohnte über Edwina und war auch Witwe. Beide hatten ihre Männer vor zwei Jahren verloren. Seitdem lebten sie alleine. Als die beiden Frauen sich nun im Hausflur trafen, blieben sie stehen. Helga sagte zu Edwina: „Sie haben aber ein hübsches Kleid an. Wo kann man so etwas Elegantes kaufen?"

„Bei Neckermann", antwortete Edwina stolz.

„Bei Neckermann? Wo ist das denn?", fragte die Nachbarin.

„Das ist ein Katalog", erklärte Edwina. Nun sah Helga auf die schicke neue Handtasche und meinte: „Die ist aber schön und passt farblich genau zum Kleid. Wo haben Sie denn die Tasche gekauft?"

„Bei Neckermann. Neckermann macht's möglich."

„Schade, dass ich nicht so einen Katalog habe", meinte Helga bedauernd. Edwina überlegte kurz, dann sagte sie: „Kommen Sie doch später bei mir vorbei. Sie können sich dann ganz in Ruhe bei mir den Katalog ansehen. Sie werden begeistert sein. Es gibt dort alles, was das Herz begehrt. Neckermann macht's möglich, sage ich nur."

Am späten Nachmittag klingelte Helga an. Sofort holte Edwina den Katalog herbei, beide setzten sich aufs Sofa und die Nachbarin begann im Katalog zu blättern. Sie kam aus dem Staunen nicht mehr heraus. Man brauchte gar nicht mehr in die Geschäfte zu gehen. Man bekam alles im Katalog, in mehreren Farben und Größen. Und was das Schönste war: Alles wurde ins Haus geliefert!

Helga blätterte und blätterte, bis zur letzten Seite. Dann aber schaute sie Edwina fragend an. „Und wo sind jetzt die Männer?"

„Welche Männer?", antwortete Edwina erstaunt.

„Na, die Männer zum Bestellen. Ich dachte, Neckermann macht alles möglich", sagte Helga und zwinkerte.

Edwina lachte. „Also Männer gibt es hier leider nicht zu kaufen. Zumindest noch nicht."

„Ach schade", meinte Helga mit einem Grinsen. „Neckermann macht also doch nicht alles möglich. Aber vielleicht ist das ja auch ganz gut so ..."

Es darf genascht werden

Der Sommer war da. Zeit für leichte und luftige Kleidung, damit man nicht unnötig schwitzte. Dora hatte ihre Sommerkleidung sortiert und probierte nun der Reihe nach alles an. „Oje, oje!", stöhnte sie. Bei der bunten Bluse bekam sie die Knöpfe nicht mehr zu. Die leichte helle Leinenhose war auch zu eng. „Das darf doch nicht wahr sein. Alles ist zu eng", rief sie zornig. Egal was sie noch anprobierte, es passte nicht mehr.

„Ich muss ein wenig abnehmen“, meinte sie und ging ins Wohnzimmer. Dort schnappte sie sich eine Zeitschrift und fing an darin zu blättern. Plötzlich stutzte sie. Da stand: „Gesund und fit, ideal für Naschkatzen, so naschen sie sich schlank!“

Ja, das war es. Etwas Süßes brauchte jeder Mensch. Beim Fernsehen oder mal so zwischendurch. Bei dieser Diät durfte genascht werden, ja, man empfahl sogar, sich etwas zu gönnen. Es müssten nur die richtigen Süßigkeiten sein. Fettarm sollten sie unbedingt sein, dann könnte man so viel davon essen, wie man wollte. Popcorn sollte sogar satt machen und dunkle Schokolade glücklich. Lakritz, Weingummi und Gummibärchen wären eine gute Wahl, wenn man eine Diät machte. Dora war begeistert. Das war etwas für sie. Sogleich eilte sie zum Supermarkt und kaufte ein. Jede Menge Süßigkeiten. Noch am gleichen Abend begann sie mit der Diät. Sie schaute einen Rosamunde-Pilcher-Film und aß dabei eine Tafel Schokolade, eine Tüte mit Weingummis, und drei Lakritzschnecken. Danach war sie voll.

Der nächste Morgen war ein Donnerstag. Zum Frühstück aß Dora eine Tüte Popcorn, das sie pappsatt machte. Zum Mittag futterte sie sechs Schaumküsse (früher hießen sie Mohrenköpfe, das sagt man heute aber nicht mehr). Am Abend leerte sie eine Tüte mit Gummibärchen, aß noch einige Schokoriegel und eine halbe Tüte Lakritzmischung. So ging es Tag für Tag weiter. Freitag, Samstag und Sonntag ernährte sich Dora nur von Süßigkeiten.

Am Montag stieg sie auf die Waage. Doch was war das? Sie hatte wider Erwarten zwei Kilo zugenommen! Dora fragte sich, wie das nur hatte passieren können. Sie hatte sich doch streng an die Süßigkeitendiät gehalten!

Frage:
Was hat Dora wohl bei ihrer Diät falsch gemacht? Wieso hat sie zu- statt abgenommen?

Dora las noch mal in der Zeitschrift nach. Ah, da hatte sie wohl etwas übersehen! Begleitend zu einer fettarmen und zuckerarmen Diät darf man hin und wieder – in Maßen – naschen. Aha!

Nüsse machen glücklich

Herr Martin Kümmelmann war sechzig Jahre alt und lebte alleine. Er war oft niedergeschlagen und traurig. Dann hatte er zu nichts Lust und verließ auch nicht das

Haus. Aber das hatte dann zur Folge, dass er noch trauriger wurde. Eines Tages, als er mal wieder alleine Fernsehen schaute, hörte er, dass Nüsse glücklich machen sollten. Aber nicht nur das – die Nüsse konnten anscheinend noch mehr. Sie schützten das Herz und die Haut, sie förderten die Konzentration, bewahrten die Nerven und machten fit. Nüsse, so hörte er, waren ein richtiges Energiepaket! Eine Handvoll am Tag reiche bereits aus.

Martin Kümmelmann horchte auf und dachte, dass dies wohl genau das Richtige für ihn wäre. Er machte sich gleich auf den Weg zum Supermarkt. Martin Kümmelmann kaufte Haselnüsse, Walnüsse, Erdnüsse und Mandeln. Zufrieden eilte er heim. Er beschloss möglichst viele Nüsse zu essen, um auch ganz bestimmt glücklich zu werden. Noch am gleichen Tag begann er damit. Sie schmeckten ihm ausgezeichnet. Schon nach zwei Tagen fühlte er sich besser. Er fühlte sich schon ein klitzekleines bisschen glücklich. Aber es reichte ihm noch nicht. So aß er weiter und weiter. Tag für Tag, Woche für Woche. Und tatsächlich: Nach vier Wochen war er nicht mehr traurig. Stattdessen wurde er immer glücklicher – und sein Bauch immer dicker. Martin Kümmelmann hatte wirklich ordentlich zugenommen. Das gefiel ihm ganz und gar nicht und so ging er zum Arzt.

„Herr Doktor, mein Bauch wird immer dicker. Bin ich etwa krank?", stöhnte er.

„Ja, was essen sie denn so am Tag?", fragte der Arzt.

„Ich esse ganz normal. Frühstück, Mittag- und Abendessen. Und dazwischen esse ich Nüsse. Viele Nüsse, weil sie gesund sind und glücklich machen."

„Aha, soso. Da liegt der Hase im Pfeffer begraben. Herr Kümmelmann, Sie essen zu viele Nüsse. Eine Handvoll am Tag reicht vollkommen aus! Nüsse haben viel Fett und das sitzt jetzt bei Ihnen im Bauch", erklärte der Arzt. Oje, da hatte Martin Kümmelmann aber gründlich etwas falsch gemacht.

„Und was soll ich jetzt machen?", fragte er den Arzt.

„Weniger Nüsse essen. Und außerdem empfehle ich viel Bewegung. Machen Sie lange Spaziergänge, das hilft. Sie werden sehen", sagte der Arzt. Martin Kümmelmann stimmte zu. Er wollte es genauso machen. Und siehe da, nach einiger Zeit nahm er wieder ab. Das machte ihn sehr glücklich. Und er merkte sich: Manchmal ist weniger eben mehr!

Pirat und Prinzessin

Ich bin mit einem Bruder aufgewachsen. Im Sommer spielten wir meistens draußen. Im Hof, auf der Straße oder im Garten. Wir spielten mit dem Ball, dem Hüpfgummi und wir spielten Verstecken. Im Herbst sammelten wir Kastanien und Eicheln, um daraus Tiere zu basteln. Im Winter rodelten wir, bauten Schneemänner und machten Schneeballschlachten. An Regentagen allerdings blieben wir im Haus.

An einem dieser Regentage schlug mein Bruder vor, ein Boot zu bauen und Pirat zu spielen. Ich sagte: „Aber ich möchte lieber eine Prinzessin sein."

Mein Bruder war einverstanden. Er meinte: „Dann kann ich dich vor dem bösen Drachen retten."

Also verkleideten wir uns aufwendig. Mein Bruder als Pirat und ich als Prinzessin. Mein Bruder, der Pirat, steckte sich seinen Spielzeugsäbel in den Gürtel und um den Hals band er sich ein rotes Tuch. Ich schaute in den alten Koffer, in dem Mutter Gardinen aufbewahrte. Schließlich wollte ich wie eine echte Prinzessin aussehen. Ich nahm eine Gardine heraus und hüllte mich geschickt darin ein. Das sah schön aus. An einen Finger steckte ich Mutters Perlenring. Er war ein wenig groß, doch es ging. Dann drehten wir den Küchentisch um, denn er sollte unser Boot werden. Mein Bruder holte zwei Würstchen aus dem Kühlschrank und ich hatte noch eine halbe Tafel Schokolade. Das war unser Proviant. Mutters Seidenschal wurde an ein Tischbein gebunden. Das war unser Segel. Dann legten wir einige Kissen und eine Decke auf den Boden. Schließlich muss eine Prinzessin weich sitzen können. Ein Besen und ein Wischmopp wurden zu unseren Rudern.

Als alles fertig aufgebaut war, stieg mein Bruder in das Boot und ich tat so, als kämpfte ich auf dem Trockenen mit einem Drachen. Laut schrie ich dabei um Hilfe.

Mein Bruder ruderte wie wild. Die Wellen schlugen gegen das Boot. Das Segel bog sich im Wind. Die Möwen kreischten über dem Boot. Mein Bruder rief: „Ich komme, Prinzessin." Er sprang an Land und vertrieb den Drachen. Dann stieg ich zu ihm ins Boot und gemeinsam fuhren wir nun über das Meer.

Vorbei an China, Amerika, Schottland und Norwegen. Wir sahen Indianer, Chinesen und Männer in Schottenröcken. Wir sahen Wälder, Berge und Hochhäuser. Wir zielten auf wilde Tiere, Schlangen und Riesen. Es war eine spannende Reise. Eine Weltreise in unserer Küche an einem Regentag. Zwischendurch aßen wir die Würstchen und teilten uns die Schokolade. Und bevor wir wieder an Land gingen, sangen wir: „Wir lagen vor Madagaskar und hatten die Pest an Bord ..."

Unseren Eltern konnten wir dann viel erzählen. Zum Beispiel von Nasenringen, giftigen Schlangen, von einem riesigen Haifisch und einem hungrigen Löwen.

Ja, das waren schöne Zeiten, als wir noch Kinder waren.

Das weiß man nicht so genau

Nicht weit von hier, nur zwei Straßen weiter und einmal um die Ecke wohnte ein Mann, der Erich Kimpel hieß. Erich war sechzig Jahre alt, hatte graue Haare und einen grauen Bart. Erich traute keinem über den Weg, glaubte nie, was man ihm sagte, und wollte lieber immer selber nachsehen, ob es stimmte. Er sagte dann immer: „Das weiß man nicht so genau." Und dann prüfte er selber nach, ob es richtig war. Diese Eigenart hatte Erich schon seit Jahren.

Einmal wollte er spazieren gehen, als seine Frau sagte: „Erich, das Licht im Kühlschrank ist kaputt." Darauf meinte Erich: „Das weiß man nicht so genau."

„Doch Erich, im Kühlschrank ist es dunkel." Erich sah nun selbst nach. Vielleicht hatte seine Frau nicht richtig geguckt. Doch tatsächlich brannte kein Licht im Kühlschrank. Er musste ein neues Lämpchen kaufen.

Es war ein kühler Herbsttag, als Erich sich auf den Weg machen wollte. Seine Frau meinte: „Es sieht nach Regen aus. Nimm deinen Schirm mit."

„Das weiß man nicht so genau", meinte Erich misstrauisch und sah selbst aus dem Fenster. Ein kräftiger Wind wirbelte die trockenen Blätter durch die Luft. Aber Erich ging ohne Schirm los. Gleich an der nächsten Ecke traf er einen alten Bekannten. „Hast du etwas Zeit, Erich?", fragte der Bekannte.

„Das weiß man nicht so genau", sagte Erich skeptisch und sah auf seine Armbanduhr. Der Bekannte meinte: „Drüben im Café gibt es heute ganz frischen Apfelkuchen." Erich überlegte, dann meinte er: „Ganz frisch? Mh, das weiß man nicht so genau."

„Doch, doch, das wirst du direkt schmecken", meinte der Bekannte. Nun war Erichs Neugier geweckt. Er wollte den Apfelkuchen selber testen. Zwanzig Minuten später war er überzeugt: Der Kuchen war ganz frisch! Dann machte er sich wieder auf den Weg. Schließlich musste er noch das Lämpchen für den Kühlschrank kaufen.

Der Verkäufer versprach eine lange Brenndauer. In den nächsten fünf Jahren dürfte das Lämpchen nicht kaputtgehen. „Das weiß man nicht so genau", meinte Erich, als er ging. Zu Hause drehte er das neue Lämpchen in die Fassung. Dann notierte er sich das Datum und die genaue Uhrzeit. Seine Frau fragte: „Warum machst du das?"

„Das weiß man nicht so genau", kam die Antwort. *So ein Blödsinn*, dachte Erich und schüttelte über sich selbst den Kopf. Ich weiß doch genau, was ich mache. Ab sofort nahm er sich vor, nie wieder „Das weiß man nicht so genau" zu sagen. Denn er sah es nun ein: Dieser Satz passte nicht in jede Situation und außerdem konnte er seinen Mitmenschen ruhig ein wenig mehr vertrauen.

Wenn der Wind erzählt

Gestatten, dass ich mich vorstelle: Ich bin der Wind. Mich kennt wohl so ziemlich jeder. Aber nicht alle wissen, woher ich komme und wo ich schon überall war. Weite, lange Reisen habe ich hinter mir und auf diesen Reisen habe ich sehr viel gesehen. Ich will mal einiges erzählen, damit Sie mich besser kennenlernen.

Mal bin ich sanft und zärtlich, mal stürmisch und wild. Ich flog schon oft über die Berge und brachte Eis und Schnee herbei. Sehr zur Freude der Wintersportler und der Kinder. Dank mir können sie rodeln und Schneemänner bauen. Ich flog über die Meere und ließ die Schiffe schaukeln. Ich ließ die Wellen des Meeres wachsen, sodass die Brandung ordentlich schäumte. Einmal verlor ein Schiff zwölf Fässer Rum. Sie rollten über Bord und die Matrosen schimpften. Ich lachte und zog weiter.

Manchmal fliege ich durch die großen Städte. Mal sanft und auch mal stürmisch. Wenn ich sanft umherstreiche, schaue ich gerne mal in die Fenster der Häuser hinein. Dann sehe ich die Menschen lachen oder auch mal weinen. Ich singe ihnen dann ein Lied. Ganz leise, sodass es kaum jemand hört und versteht. Wenn ich zornig bin, rüttele ich an den Fensterläden und lass auch schon mal einige Dachziegel von den Dächern rutschen. Dann schimpfen die Menschen über mich.

Im Sommer streiche ich gerne über die Wiesen. Ganz vorsichtig. Ich liebe es, mit den Gräsern, dem Klee und den Wiesenblumen zu spielen. Ich trage die Bienen von Blüte zu Blüte. Ich begleite sie gerne und wir singen gemeinsam ein Lied. Es macht mir Spaß, mit den Vögeln zu spielen. Finken, Stare und Meisen, Adler und Amseln, Drosseln und Möwen sind meine Freunde. In der Nacht trage ich die Fledermäuse, die Eulen und die Uhus und zeige ihnen, wo sie eine gute Mahlzeit finden können.

Der Herbst macht mir besonders viel Freude. Ich kann nach Herzenslust kräftig blasen. Ich kann die Blätter der Bäume durch die Luft wirbeln und durch die Straßen und Gassen. Ich kann den Menschen die Hüte vom Kopf pusten, ich kann die Regenschirme umknicken, Röcke hochschwingen und ich kann den Regen peitschen lassen.

So flog ich schon durch die ganze Welt und meine Reise endet nie. Doch egal wo ich bin, der Abend ist mir am liebsten. Dann singe ich heimlich und ganz leise und rausche durch die Bäume – auf eine ganz besondere Weise. Nur für Sie.

Hier stimmt was nicht

In dieser Geschichte wurden einige Begriffe vertauscht. Ich empfehle, schon vorher darauf hinzuweisen, damit sich die Aufmerksamkeit steigert. Die vertauschten Begriffe werden schneller erkannt, wenn man sie besonders betont, eine Pause einlegt und fragt: Was stimmt hier nicht?

Einmal wollten sich Ilse und Heinz einen gemütlichen Fernsehabend machen. Es gab einen Tatort und das versprach Spannung. Ilse sagte: „Ich hole mir noch eine Schachtel (?) Wasser und eine Flasche (?) Pralinen."

Heinz nickte und meinte dann: „Dann nehme ich mir noch eine Flasche (?) Käse und ein Stück (?) Bier mit." Als alles auf dem Tisch stand, machten sie es sich bequem. Ilse auf dem Sofa und Heinz in seinem Fernsehsessel. Der Krimi begann. Ilse knabberte Pralinen und Heinz Käse. Ilse trank Wasser und Heinz sein Bier.

Nach einer Weile sagte Heinz: „Ich habe kalte Füße. Ich ziehe mir mal lieber Socken an die Hände (?)." Er zog sich die Socken an und ihm wurde wieder warm. Denn wenn einmal die Füße kalt sind, friert man schnell am ganzen Körper.

Ilse fragte Heinz: „Kannst du mir bitte einen Teller (?) Wein einschütten? Und vielleicht noch ein Glas (?) Kuchen bringen?" – „Mache ich", antwortete Heinz. Dann mussten beide lachen. Und Heinz meinte: „Schluss jetzt damit, lass uns wieder vernünftig reden."

„Ja, aber es hat großen Spaß gemacht. Es war mal eine lustige Abwechslung. Ab und zu muss man mal was Verrücktes machen, damit das Leben nicht langweilig wird", sagte Ilse und nippte an ihrem Glas Wein.

Eberhard geht die Puste aus

Kürzlich, genauer gesagt vor zwei Tagen, beschloss Eberhard, das Fahrrad seiner Frau zur Reparatur zu bringen. Der Vorderreifen verlor ständig Luft. Da konnte er mit der Luftpumpe pumpen und pumpen, so viel er wollte, die Luft pfiff langsam, aber sicher wieder heraus. Und weil Eberhards Frau ständig darüber schimpfte, sollte nun der Reifen repariert werden.

Die Fahrradwerkstatt lag in einem anderen Stadtteil. Früh an einem Montagmorgen setzte sich Eberhard auf das Rad und strampelte los. Er gab sich große Mühe schnell zu fahren, damit er mit der aufgepumpten Luft hinkam. Zwanzig Minuten später war er da. Es war schon sehr warm an diesem Sommermorgen und Eberhard schwitzte ordentlich. Es war kaum noch Luft im Reifen und auch Eberhard war die Luft ausgegangen.

Der Mann, der den Reifen flicken sollte, hatte gerade keine Zeit. Da wäre ein Notfall, eine Fahrradbremse musste dringend gängig gemacht werden. Er schickte Eberhard nach Hause, man würde ihn anrufen. Oje, nun musste Eberhard den ganzen Weg zurück laufen. Er marschierte los. Oh, da fuhr ein Freund mit dem Auto heran. Eberhard winkte und gab Zeichen, dass er doch mal halten solle. Schließlich könnte der Freund ihn prima nach Hause fahren. Der Freund winkte zurück und fuhr weiter. Herrje! Da nahte ein Nachbar mit dem Auto. Eberhard stellte sich an den Straßenrand und winkte. Der Nachbar winkte freundlich zurück und fuhr vorbei. Auch das noch. Eberhard lief weiter. Er hatte erst die halbe Wegstrecke geschafft. Die Sonne stand nun schon höher und es wurde immer wärmer. Da sah Eberhard seine Frau kommen. Im Auto. Sie kam wohl vom Einkaufen. Eberhard winkte wie verrückt. Seine Frau lachte und fuhr an ihm vorbei. Sicherlich dachte sie, dass er einen Spaziergang machte. Sie wusste ja nicht, dass Eberhard ihr Fahrrad zur Reparatur gebracht hatte. Es sollte ja eine Überraschung sein.

Nass geschwitzt kam er nach Hause. Er trank zwei Gläser Mineralwasser und ließ sich in den Sessel fallen. So viel Sport an einem Tag war entschieden zu viel für ihn. Kaum dass er die Beine ausgestreckt hatte, klingelte das Telefon. Es war die Fahrradwerkstatt. Der Reifen war geflickt, das Fahrrad konnte wieder abgeholt werden. Seufzend stand Eberhard auf und marschierte erneut los. Die ganze Prozedur noch einmal. Nur andersherum. Erst laufen und dann mit dem Fahrrad zurück. Ja, was tut ein Mann nicht alles für die geliebte Frau. Selbst wenn einem dabei die Puste ausgeht. So wie bei Eberhard.

Weißt du noch?

Vorgestern, also vor zwei Tagen, standen zwei Männer nebeneinander beim Metzger an der Fleischtheke. Als einer der Männer gefragt wurde, was er gerne haben wollte, sagte dieser: „Ich hätte gerne zehn Grillwürstchen."

Da wandte sich der andere Mann zu ihm, schaute ihn genau an und sagte dann: „Bist du es Dieter? Ja, so was aber auch! Du bist es, Dieter!" Der andere Mann drehte sich nun ebenfalls zur Seite und sagte: „Herbert? Meine Güte, Herbert!" Dann lagen sie sich in den Armen. Sie hatten sich das letzte Mal vor zwanzig Jahren gesehen. Das Wiedertreffen jetzt war wie ein Wunder.

Kurze Zeit später saßen sie bei einer Tasse Kaffee zusammen. Und worüber redeten sie wohl?

Natürlich über alte, längst vergangene Zeiten. Um genau zu sein, sie redeten über ihre gemeinsame Kindheit.

„Weißt du noch, Dieter, wie wir immer in den Hühnerstall gekrochen sind?", fragte Herbert.

„Ja, das weiß ich noch. Wir haben dann gegackert wie die Hühner. Und alle Leute, die vorbeigekommen sind, glaubten, es wäre echtes Hühnergeschrei", sagte Dieter. Die beiden lachten.

Herbert sagte: „Und wenn Nachbars Katze kam, taten wir immer so, als sei sie eine feine Dame. Wir haben sie freundlich gegrüßt und uns vor der Katze tief verbeugt." Beide Männer lachten jetzt so laut, dass sich die anderen Gäste im Café zu ihnen umsahen.

Dieter erzählte weiter: „Manchmal haben wir so getan, als wären wir alte weise Männer. Weißt du noch? Wir haben uns gegenseitig nach dem werten Befinden gefragt." Herbert schmunzelte und meinte: „Ja, und wir klagten darüber, dass früher alles viel besser war. Wir sprachen darüber, dass Treue, Liebe und der Glaube an Gott aus der Welt verschwunden waren."

„Ja", sagte Dieter, „und dass der Kaffee so teuer ist und das Geld so rar." Die beiden Männer lachten wieder. Noch lange saßen sie zusammen und dachten darüber nach, wie gut behütet sie damals gewesen waren. Die Eltern und der treue Gott hatten über sie gewacht.

Der zottelige Bär und die Bienen

Im Wald lebte einmal ein zotteliger Bär. Täglich zog er brummend durch den Wald, um etwas zu fressen zu finden. Mit Vorliebe fraß er Beeren. Und wenn ihm einmal der Rücken juckte, dann stellte er sich aufrecht an einen Baum. Mit dem Rücken zum Baumstamm. Und dann schubberte er sich. Auf und ab und auf und ab. Von rechts nach links und wieder auf und ab. Dabei brummte er genüsslich. Danach zog er weiter und lief immer tiefer in den Wald hinein. Er fand viele Beeren und fraß sich satt. Der Bär fühlte sich groß und stark und hatte vor nichts und niemandem Angst. Sein Fell war dunkelbraun und seine Augen schwarz wie die Nacht.

Einmal wanderte er gerade durch das dichte Unterholz, als ihm ein ganz besonderer Geruch in die Nase zog. Mhhhhh, es roch süß und lecker. Das war der Geruch von Honig – und den mochte der zottelige braune Bär ganz besonders gerne! Und so lief er, so schnell er konnte. Die Bienenwabe mit dem köstlichen Honig war hoch in einem Baum. Der Bär rief: „Gebt mir den Honig. Ich bin ein großer starker Bär und ihr seid klein, so winzig klein. Also lasst mir den Honig hinab." So rief er den Bienen zu, die inzwischen aufgeregt umhersurrten.

„Nein, Herr Bär, wir geben unseren Honig nicht her“, rief eine Biene hinab. Das war eine ganz besonders mutige Biene, denn sie stellte sich kampfbereit in den Eingang des Bienenstocks. Der Bär brummte zornig und ehe die Bienen sich versahen, kletterte er den Baum hinauf. Mit seinen scharfen Krallen war das ein Leichtes für ihn. Oben angekommen rief er: „Gebt mir den Honig her!“ Die Bienen summten, der Bär brummte.

„Nein, das wird nichts, wir geben den Honig nicht her“, rief die kleine mutige Biene. Schon hatte der Bär seine Nase in den Bienenstock gestreckt. „Weg da, der Honig ist mein. Weg da, ihr kleinen Bienchen“, brummte er. Da stachen ihn einige Bienen ins Hinterteil. Der Bär wurde böse und schrie: „Lasst das sein!“

Da sagte die kleine mutige Biene: „Lass unseren Bienenstock in Ruhe. Ich bin zwar klein, aber wenn ich dir in die Nase steche, wird es dir schlecht ergehen.“ Doch der Bär ließ nicht ab, er wollte den Honig. Es half alles nichts, das kleine Bienchen stach zu. In die Nase. Autsch! Das war zu viel für den Bär. Die Nase juckte und brannte, sie schwoll an und er konnte nichts mehr riechen. Er musste hinabklettern und sich einen Bach suchen. Die Nase musste gekühlt werden. Brummend rannte er davon.

Die Bienen summten und tanzten und riefen: „Siehst du, das kommt davon. Es ist immer besser, wenn man andere in Ruhe lässt. Und stehlen darf man schon gar nicht." Summ, summ, summ.

Der Krankenhausbesuch

Herr Schimmel hatte eine Nachbarin, die er gut leiden konnte. Ja, er war sogar ein ganz kleines bisschen in seine Nachbarin verliebt. Oft schon hatte er überlegt, wie er sich mal mit ihr verabreden konnte. Er wollte seine Nachbarin so gerne näher kennenlernen. Und wer weiß, vielleicht wurde ja auch mehr daraus. Doch Herr Schimmel war ziemlich schüchtern. Er wusste nicht, wie er das anstellen konnte. Und dann kam der Tag, an dem Herr Schimmel seine große Chance bekam.

Die nette Nachbarin war gestürzt und hatte sich ein Bein gebrochen. Nun wollte Herr Schimmel sie besuchen und nachfragen, ob er helfen konnte. Mit einem Blumenstrauß und einer Schachtel Pralinen machte er sich auf den Weg.

Die Nachbarin lag in der vierten Etage, in Zimmer 420. Herr Schimmel wollte den Fahrstuhl nehmen. Vor dem Fahrstuhl warteten schon eine Menge Leute.

Alle wollten keine Treppen steigen. Der Fahrstuhl kam und die Leute strömten hinein. Es war kaum noch Platz, doch Herr Schimmel quetschte sich noch dazu. Die Fahrstuhltür schloss sich – oh Schreck, nein! – eine Sekunde zu früh. Herr Schimmel hatte zwar seinen Arm hereingezogen, aber nicht den Blumenstrauß und die Pralinen. Beides war nun in der Fahrstuhltür eingeklemmt. Ziehen half da gar nicht. Herr Schimmel musste warten, bis die Tür wieder aufging.

Der Fahrstuhl fuhr. Erster Sock, zweiter Stock, dritter Stock – erst im vierten Stock hielt er an. Die Tür öffnete sich und sofort zog Herr Schimmel den Blumenstrauß und die Schachtel Pralinen zu sich heran. Oje! Das war ja eine schöne Bescherung. Viele Blüten waren abgeknickt und auch abgerissen. Die Schachtel mit dem Konfekt war stark gequetscht. Einige Pralinen würden wohl matschig sein. Was nun? Zeit, etwas Neues zu besorgen, war nicht mehr. Es war nun mal passiert und konnte nicht mehr rückgängig gemacht werden.

Und dann stand er auch schon vor der Zimmertür. Er klopfte und trat ein. Da lag sie, seine nette Nachbarin, mit einem eingegipsten Bein. Die Nachbarin strahlte, als sie Herrn Schimmel sah. Der aber hob zaghaft den lädierten Blumenstrauß und die verbeulte Pralinenschachtel hoch. Er sagte nur: „Fahrstuhltür." Die nette Nachbarin lachte und meinte: „Setzen Sie sich bitte. Ich freue mich über Ihren Besuch. Die Blumen und die

Pralinen sind nicht wichtig. Die Hauptsache ist, dass Ihnen nichts passiert ist. Ich kann Sie nämlich gut leiden."

Da war der Herr Schimmel froh. Er war überglücklich. Jetzt konnte eine wunderbare Freundschaft beginnen.

Die verschwundene Perlenkette

Es war Frühling und die Sonne wärmte schon ein wenig. Es war also Zeit für etwas Neues. Adele hatte sich ein Kostüm gekauft. Ein hellblaues Kostüm. Dazu die passenden Schuhe und eine schicke Handtasche. Nun wollte sie damit an einem schönen Frühlingstag durch die Stadt flanieren. Ein Schaufensterbummel war immer sehr abwechslungsreich. Um in ihrem neuen Kostüm perfekt auszusehen, wollte sie ihre wertvolle Perlenkette anlegen. Sie holte die Kette aus der Schmuckschatulle. Ja, damit würde sie toll aussehen.

Adele war voller Vorfreude, denn sie liebte Spaziergänge in der Stadt. Man konnte sich die unterschiedlichsten Sachen anschauen – manchmal sogar den ein oder anderen stattlichen Mann. Ganz heimlich natürlich, nur aus dem Augenwinkel heraus.

Gerade als sie die Perlenkette anlegen wollte, klingelte das Telefon. Mit der Kette in der Hand lief sie ins Wohnzimmer. Dort stand das Telefon. Ihre beste Freundin war dran und hatte einige Neuigkeiten zu berichten. Und während sich Adele den Klatsch und Tratsch anhörte, legte sie ihre Perlenkette gedankenverloren in die Obstschale. Die Perlenkette rutschte langsam zwischen die Äpfel, bis sie kaum noch zu sehen war.

Adele verabredete sich noch mit ihrer Freundin und legte das Telefon wieder zurück. Jetzt wollte sie ihre Perlenkette anlegen. Doch wo war sie? Die Perlenkette war weg, verschwunden, unauffindbar. Adele suchte und suchte.

Wer weiß, wo die Perlenkette lag? Wo hatte Adele sie gedankenverloren hingelegt?

Genau! Die Kette lag zwischen den Äpfeln in der Obstschale. Jetzt konnte Adele endlich ihren Stadtbummel beginnen.

Sonderangebote

Ingelore sparte gerne mal beim Einkauf den einen oder anderen Euro. Sie war nicht geizig, nein, nur sparsam. Ingelore hatte, so wie jede Frau, einige heimliche Wünsche. Um sich diese Wünsche erfüllen zu können, musste sie sparen. Nun stand das Frühjahr vor der Tür und Ingelore wollte neue Schuhe. Daher kaufte sie im Moment nur Sonderangebote. Nur so würde sie das Geld zusammenbekommen. Immer samstags lagen die Sonderangebote in Form einer Wurfsendung im Briefkasten.

Ingelore studierte die Angebotsprospekte eingehend. Aha, in einem Drogeriemarkt gab es Haarwaschmittel für 99 Cent. Sie brauchte dringend Haarwaschmittel, da kam das wie gerufen. Ingelore notierte sich das. Bei Netto gab es Rosenkohl im Angebot. Ein Netz mit 750 Gramm, das kostete auch nur 99 Cent. Schön. Rosenkohl war gesund. Ingelore notierte sich das. Bei Aldi gab es Koteletts, zart und mager, der Kilopreis lag bei 4,77 Euro. Das war günstig und der Rosenkohl passte gut dazu. Ingelore notierte sich auch das.

Jetzt brauchte sie nur noch ein gutes, aber günstiges Waschpulver. Und das fand sie im Lidl-Prospekt. Persil – ein XXL-Paket garantierte 65 Wäschen. Ingelore notierte sich das ebenfalls. Sie würde eine Menge sparen. Die Angebote gab es ab Montag.

Montagmorgen, Punkt acht Uhr, machte sich Ingelore auf den Weg. In nur fünfzehn Minuten hatte sie das Einkaufszentrum erreicht. Hier gab es alles, was das Herz begehrte, unter einem großen Dach. Sie musste nun in vier Geschäfte. Das war schon eine Plage. Aber sie musste ja sparen.

Zuerst ging es in den Drogeriemarkt, dann zu Netto, dann zu Aldi und zuletzt noch zu Lidl. Haarwaschmittel, Rosenkohl und die Koteletts waren leicht. Aber das riesige Waschpulverpaket, das wog eine ganze Menge. Auf dem Heimweg musste sie ständig anhalten und das Paket abstellen, um zu verschnaufen. Sie brauchte eine geschlagene Stunde bis nach Hause.

Mit letzter Kraft schleppte sie sich die Treppen hoch. Doch Ingelore freute sich. Sie hatte insgesamt fünf Euro gespart und die wanderten gleich ins Sparschwein. Bald würde sie das Geld für die neuen Schuhe zusammenhaben. Erschöpft setzte sie sich in einen Sessel, legte die Beine hoch und schlief ein. Sie lächelte im Schlaf. Sicherlich träumte sie von ihren neuen Schuhen.

Eine kleine Geige

Es lebte einmal ein kleiner Mann im Wald. Er lebte dort ganz alleine. Der kleine Mann hieß Helmfried. Die Tiere, die im Wald lebten, waren seine Freunde. Mit ihnen sprach er, sie erzählten sich Geschichten und sangen gemeinsam viele Lieder. So lange, wie der kleine Mann schon lebte, so lange hatte er auch schon einen Wunsch. Er wünschte sich eine Geige, auf der er an allen Tagen musizieren konnte. Er wollte singen und springen zu seiner Musik. Aber Helmfried war sehr klein und die Geigen, die man kaufen konnte, waren viel zu groß für ihn. Deshalb wurde er traurig und von Tag zu Tag immer trauriger.

Eines Tages kam in der Abenddämmerung die Eule angeflogen. Sie sagte zu Helmfried: „Es gefällt mir nicht, dass du so traurig bist. Baue dir doch selber eine Geige, eine, die zu deiner Größe passt." Dieser Vorschlag gefiel dem kleinen Mann. Seine Augen leuchteten wie schon lange nicht mehr. Schon am nächsten Tag begann er mit dem Bau einer kleinen Geige. Und an jedem Abend kam die Eule vorbei, um zu sehen, wie weit die Geige war. Eines Abends sagte Helmfried zur Eule: „Bald ist die Geige fertig. Sie wird bestimmt ganz lieblich klingen."

Tatsächlich war die kleine Geige zwei Tage später fertig. Als die Eule in der Abenddämmerung herbeigeflogen kam, setzte Helmfried den Bogen an. Er spielte: Didel, didel, didum, dideldei, dideldei und dideldum. Die kleine Geige klang sehr schön und auch so lieblich. Und plötzlich wie der Blitz kamen alle Vögel des Waldes herbei. Hasen hoppelten herbei und Rehe kamen angelaufen. Käfer hatten sich auf den Weg gemacht und Schmetterlinge und Bienen summten durch die Luft. Und alle stimmten mit ein. Ein jeder sang und schmetterte, so gut er konnte.

Tsching, tsching, bumm, bumm, dideldum, summ, summ, piep, piep, zirp, zirp und heissassa. Es wurde gesungen und gesprungen, getanzt und gelacht. Es jubilierte, es geigte, es schallte, es hallte und schmetterte rund um das kleine Häuschen des kleinen Mannes.

Und wenn wir mal wieder im Wald die Vögel singen hören, so spielt bestimmt auch irgendwo der kleine Mann auf seiner kleinen Geige.

Freche Möwen, kesse Spatzen

Es war ein wunderbarer Sommer. Ideal, um an der Nordsee Urlaub zu machen. Das fanden auch Herr und Frau Lupinski, die gestern angereist waren. Hier an der Nordsee wehte immer eine erfrischende Brise und deshalb war es auch nicht so heiß wie in der Stadt.

An einem schönen sonnigen Vormittag machten die Lupinskis einen Strandspaziergang. Es war Ebbe. Vor ihnen lag das große Wattenmeer. Das Wasser hatte sich zurückgezogen und nun war der Tisch für die Möwen gedeckt: Es gab Krebse, kleine Fische, Muscheln und Wattwürmer für die Möwen zum Frühstück.

Am Strand gab es auch einen Kiosk. Dort kaufte sich Herr Lupinski ein Eis. Seine Frau meinte: „Pass gut auf dein Eis auf. Die Möwen lieben Eis." Herr Lupinski lachte und sagte: „Aber nicht mein Eis. Ich passe schon auf." Kaum hatte er das gesagt, kam die erste Möwe mit lautem Geschrei angeflogen. Sie stürzte sich direkt auf Herrn Lupinski. Der schrie: „Hau ab und suche dir Fische zum Frühstück." Weitere Möwen kamen herbei. Mit Geschrei umkreisten sie Herrn Lupinski. Und zack hatte eine Möwe das Eis erwischt und flog davon. Die anderen Möwen flogen hinterher, in der Hoffnung, etwas abzubekommen. Frau Lupinski bog sich vor Lachen. „Siehst du, ich habe dich gewarnt. Wer nicht hören will, muss fühlen."

Dann gingen sie zurück, über den Deich und in den Ort hinein. Dort gab es eine feine Teestube. Die Lupinskis setzten sich draußen auf die Terrasse. Das Wetter war zu schön, um drinnen zu sitzen. Sie bestellten Tee und Kuchen. Der Kuchen schmeckte wundervoll. Über ihnen flogen die Schwalben, die ihre Jungen füttern mussten. Und auf dem Boden hüpften viele kleine Spatzen herum. Kaum hatte der Kuchen auf dem Tisch gestanden, kamen die gefiederten Gäste auf den Tisch geflogen, auf die Stuhllehne und sogar auf den Teller. Flink schnappten sie sich die Krümel.

Frau Lupinski fand die Spatzen niedlich und hielt ein Stückchen vom Kuchen zwischen den Fingern. Ein besonders kesser Spatz setzte sich auf ihre Hand und fraß den Kuchen. Sie waren gar nicht scheu, diese Spatzen. Sie hüpften um die Teller herum und fraßen sich satt.

„Wenigstens sind sie nicht so frech und angriffslustig wie die Möwen", meinte Herr Lupinski. Ihm saß immer noch der Schreck in den Knochen, wie die Möwen ihn bedrängt und sein Eis geklaut hatten. Eines wusste er genau: Er würde nie wieder am Strand ein Eis essen.

Flutsch und weg

Freitags putzte Rosa immer das Badezimmer. Gründlich, sehr gründlich sogar. Das machte sie schon jahrelang so. Immer freitags um neun Uhr. Doch einmal passierte ihr ein Missgeschick dabei. Putzmittel, ein Putzeimer mit Wasser und Putzlappen standen und lagen bereit. Nur die Gummihandschuhe waren ihr ausgegangen. Dann musste es eben mal ohne gehen. So begann Rosa um Punkt neun Uhr – ohne Gummihandschuhe – zu putzen. Zuerst das Waschbecken, dann die Toilette, danach war die Badewanne an der Reihe, dann die Fliesen und zum Schluss der geflieste Boden. Alles glänzte wieder wie neu. Rosa ließ das schmutzige Wasser in die Toilette laufen und plötzlich machte es *klick*. Sie hatte es genau gehört. Sie stutzte. Was hatte da *klick* gemacht? Automatisch sah sie auf ihre rechte Hand. Oh Schreck! Der Ehering war weg. Er war ins Klo gefallen. Er war vom Ringfinger geflutscht und dann ins Klo. Flutsch und weg.

„Ulrich, Ulrich, mein Ehering liegt im Klo“, rief sie. Ulrich war ihr Mann und der kam nun herbeigeeilt. „Weit kann er nicht sein, er liegt bestimmt im Knick“, vermutete Ulrich. Er krempelte sich bereits die Ärmel hoch. Dann griff er beherzt in die Toilettenschüssel und versuchte den Ring zu ertasten. Ganz vorsichtig, damit er nicht weiterrutschte. Und er hatte Glück! Er bekam den Ring zu fassen und zog ihn heraus.

„Was bekomme ich dafür?", fragte er und hielt dabei den Ring hoch.

„Was du willst! Wünsch dir etwas. Die Hauptsache ist, dass mein Ehering wieder da ist", sagte Rosa.

„Dann wünsche ich mir zum Mittagessen eine große, fette und knusprige Schweinshaxe mit Sauerkraut und Knödel", sagte Ulrich. Er nutzte die Gelegenheit, bekam er doch sonst nicht so oft so eine leckere Schweinshaxe.

„Ja, das geht klar. Ich gehe gleich einkaufen. Versprochen. Danke Ulrich, du bist ein guter Mann", sagte Rosa. Ulrich reichte ihr den Ring und die Welt war wieder in Ordnung.

Luftballon flieg

Als Werner zehn Jahre alt wurde, ging seine Mutter mit ihm über die Kirmes. Ui, was es hier alles zu sehen gab! Ein Pferdekarussell, Schiffschaukeln, ein Autoscooter, ein Riesenrad, ein Kettenkarussell … Alles fuhr, flog, schaukelte und drehte sich. Rasant und schnell und hoch. Es gab einen „Hau den Lukas“ und eine Geisterbahn. Sie kamen auch an einer Losbude vorbei. Der Hauptpreis war ein riesiger Plüschbär. Laute Musik schallte über den Kirmesplatz und aus einigen Kirmeswagen kamen köstliche Gerüche. Es roch nach gebrannten Mandeln, nach Paradiesäpfeln, nach Bratwurst und Backfisch. Werner sah sich gemeinsam mit seiner Mutter alles ganz genau an.

Plötzlich erblickte Werner einen Mann, der ganz viele bunte Luftballons festhielt. Die Ballons wollten wegfliegen, sie zappelten an ihren Bändern. Bunt und schön bemalt waren sie. Werner wollte gerne so einen Ballon haben. Die Mutter erlaubte es und Werner suchte sich einen blauen Luftballon aus, auf den ein Drache gemalt war. Die Mutter bezahlte und der Mann, der die Ballons verkaufte, sagte: „Der Wind steht gut, heute fliegen alle Luftballons nach Amerika.“ Dann lachte der Mann.

Werner ließ ihn aber nicht los. Er hielt seinen Ballon ganz fest und nahm ihn mit nach Hause. Erst im Wohnzimmer ließ er ihn los und der blaue Ballon schwebte an die Decke. „Mama, ich muss den Ballon heute noch fliegen lassen. Der Mann hat gesagt, der Wind steht heute gut. Wenn ich bloß wusste, wo er landen wird“, sagte Werner.

Die Mutter riet ihm, eine Karte zu schreiben. Mit einer Nachricht und der Adresse. Das machte Werner und anschließend knüpfte er die Karte an das Band. Dann lief er in den Hof und ließ das Band los. Sofort flog der blaue Luftballon hoch und höher und weiter und weiter. Und bald war der blaue Ballon nur noch ein kleines Pünktchen am Himmel. Und dann war auch das Pünktchen verschwunden.

Tag für Tag dachte Werner an seinen Luftballon. Und wenn der Postbote kam, lief er ihm schon entgegen. Vierzehn Tage waren bereits vergangen. Nun glaubte Werner nicht mehr daran, dass der Luftballon irgendwo heil gelandet war. Doch dann kam ein Brief. Ein Brief aus Spanien. Dort hatte ein Mann seine Karte gefunden, die mittlerweile nur noch an einem schlappen blauen Luftballon hing. Der Ballon war in einem Orangenbaum hängen geblieben. Und der Mann, der lange in Deutschland gelebt hatte, hatte nun diesen Brief an Werner geschrieben. Und das Beste war, er lud Werner ein, nach Spanien zu kommen.

„Wann fahren wir nach Spanien?“, fragte Werner seine Mutter.

„Wenn du größer bist“, sagte die Mutter. Damit gab sich Werner erst mal zufrieden. Doch bemühte er sich ab sofort, jeden Tag seinen Teller leer zu essen. Denn schließlich hatte seine Mutter immer gesagt: „Iss deinen Teller leer, damit du groß und stark wirst.“

Ein Schwalbenpärchen kehrt zurück

Ein Schwalbenpärchen war auf dem Weg von Afrika nach Deutschland. Es war ein weiter und langer Flug. Stumm flogen sie nebeneinanderher. Frau Schwalbe meinte: „Mach doch mal deinen Schnabel auf und rede ein wenig mit mir."

„Was soll ich denn sagen? Ich freue mich schon auf den Kuhstall, in dem wir wieder unser Nest bauen können", sagte Herr Schwalbe.

Frau Schwalbe meinte: „Ich will nicht wieder in den stinkenden Kuhstall. Diesmal möchte ich in der Stadt wohnen. Da schmatzen wenigstens keine Kühe." Herr Schwalbe sagte nichts dazu. Frau Schwalbe steuerte die Stadt an. Hier gab es hohe Schornsteine, Fabriken, Hochhäuser, große Gebäude und viele Autos. Außerdem Busse und Motorräder. Herr Schwalbe fand das gar nicht schön, gab aber nach. Sie suchten beide nach einem geeigneten Gebäude zum Nisten. Sie flogen durch die Straßen und Gassen – irgendwo musste es doch einen schönen Platz geben! Einen netten Ort für ein gemütliches, kuscheliges Nest. Doch alle Häuser, Dachfenster und Luken waren verschlossen. Überall wohnten Menschen, die ziemlich laut waren.

Schließlich fanden sie doch noch einen Platz: an dem Dach einer alten Schule. Emsig wollten sie nun mit dem Nestbau beginnen. Doch in der Stadt gab es keinen Teich und auch keinen Bach. Weit und breit gab es keine weiche Erde, um ein Nest damit zu bauen. Sie mussten jedes Mal aus der Stadt heraus, um geeignetes Baumaterial zu finden. Das machte müde. Erschöpft schliefen sie ein.

Am nächsten Morgen kamen in Scharen lärmende Schulkinder. Und als die Kinder die Schwalben entdeckten, jubelten sie. Ängstlich flatterte das Schwalbenpaar davon. Herr Schwalbe flog in Richtung Kuhstall. Der Bauernhof lag auf dem Land. Hier war es schön ruhig. Willig folgte Frau Schwalbe. Sie wollte nur noch Ruhe, ein Nest und Eier legen. Der Kuhstall war schon in Sicht und der Bauer sah die Schwalben kommen. Er freute sich, hatte er doch schon auf das Schwalbenpärchen gewartet. Schnell öffnete er die Stalltür, damit sie hereinfliegen konnten.

„Endlich zu Hause“, sagte Herr Schwalbe. Und Frau Schwalbe gab zu: „Ja, zu Hause ist es doch am Schönsten.“

Wenn die Trockenhaube streikt

Es war Samstagvormittag. Greta hatte sich die Haare gewaschen. Nun stand sie vor dem Spiegel und drehte die Haarsträhnen auf Lockenwickler. So lange, bis der ganze Kopf voller Wickler war. Dann setzte sie ihre Trockenhaube auf. Das war so eine aus Plastik, die sich dann mit der warmen Luft aufblies. Greta steckte den Stecker in die Steckdose und machte es sich in einem Sessel bequem. Sie drückte auf den Schalter und wartete. Aber was war los? Die Trockenhaube blies sich nicht auf und es kam auch keine warme Luft. Auch das noch! Sie drückte noch einige Male auf den Schalter, doch es tat sich nichts. Die Trockenhaube blieb schlapp und kalt.

Verzweifelt rief sie nach ihrem Mann: „Gregor, meine Trockenhaube streikt. Gregor, komm doch bitte mal." Gregor kam und meinte: „Die ist ja auch schon uralt. Sie wird hin sein."

„Gregor, geh doch bitte mal schnell ins Kaufhaus und kauf mir eine neue Trockenhaube. Am besten genau die gleiche, die war nämlich gut." Gregor hatte aber so gar keine Lust zum Kaufhaus zu gehen. Er schlug vor: „Lass die Haare doch so trocknen. An der Luft."

„Das dauert viel zu lange und außerdem sitzen die Locken dann nicht so gut", hatte Greta auszusetzen.

Gregor blieb nichts anderes übrig, er musste zum Kaufhaus. Doch er hatte Pech, diese Trockenhaube gab es schon lange nicht mehr. Und andere Trockenhauben waren gerade nicht auf Lager. Der Verkäufer empfahl einen guten Föhn. Einen mit mehreren Heizstufen. Die Haare würden schnell trocknen. Gregor kaufte einen Föhn. Dann eilte er nach Hause.

„Das ist keine Trockenhaube. Was soll ich denn mit einem Föhn", schimpfte Greta.

„Setze dich hin und warte ab", sagte Gregor. Greta ließ sich auf einen Küchenstuhl nieder. Gregor stellte den Föhn an. Er stand nun hinter Greta und ließ die warme Luft auf Gretas Kopf blasen. Zehn Minuten später waren die Haare trocken. Greta wartete noch, bis die Haare ausgekühlt waren, dann nahm sie die Wickler heraus. Die Locken waren perfekt und Greta konnte sich frisieren.

„Hübsch", meinte Gregor, als sie fertig war.

„Ja, gar nicht schlecht. Und es geht so schnell. Vielleicht versuche ich es demnächst auch mal ohne Lockenwickler. Die jungen Leute von heute föhnen ihre Haare ja auch so. Man muss mit der Zeit gehen und ab und zu die alten Dinge loslassen", sagte Greta und war zufrieden. Und der Föhn war sogar noch preiswerter gewesen als eine neue Trockenhaube.

Das ABC

Wer weiß noch andere Worte?
A – wie Affe, Ameise …
B – wie Biene, Bär …
C – wie Chinese, China …
D – wie Dame, Dackel …
E – wie Eisen, Edelweiß …
F – wie Fisch, Fuchs …
G – wie Garten, Gabel …
H – wie Hund, Haus …
I – wie Igel, Ida …
J – wie Jasmin, Jäger …
K – wie Kohle, Kraft …
L – wie Laden, Lust …
M – wie Maus, Matsche …
N – wie Nordpol, Nagel …
O – wie Otto, Oma …
P – wie Pantoffel, Pfanne …
Q – wie Quark, Quiz …
R – wie Ratte, Rabe …
S – wie Salz, Sommer …
T – wie Tafel, Tuch …
U – wie Uhu, Ute …

V – wie Vogel, Valentin …
W – wie Wald, Wanne …
X – wie Xanten, Xylofon …
Y – wie Yvonne, Yoga …
Z – wie Zebra, Zwiebel …

Heute essen wir mit den Fingern

Es war Freitagmorgen, sieben Uhr. Herr Walter Strohmann stand auf. „Warum stehst du so früh auf?“, fragte seine Frau. „Weil ich heute noch einige Besorgungen machen will“, meinte Herr Strohmann geheimnisvoll. Gleich nach dem Frühstück verließ er das Haus. Walter Strohmann lief in einen Supermarkt und kaufte dort reichlich ein. Eine Stunde später, es schlug gerade zehn Uhr von der Kirchturmuhr, war er wieder zu Hause. Walter stellte eine große und gut gefüllte Einkaufstasche auf den Küchentisch. Dann verkündete er: „Heute essen wir mal mit den Fingern. Das Besteck bleibt in der Schublade.“

Seine Frau sah ihn verdutzt an und fragte: „Wie soll das gehen? Ich wollte heute Erbsensuppe kochen. Außerdem kommt unser Enkelkind zum Mittagessen.“

„Ich weiß, es wird unserem Enkelkind gefallen. Mit den Fingern zu essen macht Spaß. Die Erbsensuppe kannst du morgen kochen oder in der nächsten Woche. Lass mich mal machen", sagte Walter und fing an zu hantieren.

„Kann ich dir helfen?"

„Nein. Ich rufe euch, wenn alles fertig ist", sagte Walter und schob seine Frau aus der Küche. Dann begann Walter mit der Zubereitung des Essens, das man dann mit den Fingern essen konnte. Er schnibbelte, hackte, wickelte, rollte, er würzte, rührte, knetete, er stampfte und brutzelte. So langsam zog ein leckerer Geruch durch die Wohnung. Es roch würzig und machte Appetit.

Inzwischen war das Enkelkind eingetroffen. Jonas war zehn Jahre alt. Er schnupperte und fragte: „Was gibt es zu essen, Oma? Es duftet hier so gut."

„Ich weiß es nicht, Jonas. Der Opa macht heute das Essen. Angeblich brauchen wir kein Besteck", erklärte Frau Strohmann ihrem Enkelkind. Langsam wurde auch sie neugierig.

Um Punkt zwölf Uhr rief Walter zum Essen. Er hatte den Küchentisch ausgezogen und gedeckt. Oh, was da alles stand! Die leckersten Sachen lagen da und alles roch so gut. Da lagen auf einem Teller kleine Frikadellen. Es gab gefüllte Eier, einen schönen Käse-Igel und kleine Würstchen. In einem Schälchen waren Gürkchen, in einem anderen kleine Tomaten. Es gab Spargelröllchen und kleine belegte Brote.

„Guten Appetit“, wünschte Walter. Alle griffen hungrig zu. Und tatsächlich brauchte niemand ein Messer oder eine Gabel. Alles konnte mit den Fingern gegessen werden und es machte großen Spaß. Und das Beste war: Anschließend brauchte kein Besteck gespült zu werden.

Meine lieben Hühner

Manchmal glaube ich, dass mein Mann verrückt ist. Und manchmal glaube ich, dass er seine Hühner etwas mehr liebt als mich. Ich werde Ihnen das mal genauer erzählen. Sicherlich werden Sie mir hinterher recht geben.

Also, mein Mann heißt Norbert und er hat Hühner. Zehn an der Zahl – und einen Hahn. Einen Gockel, so sagt er immer. Und der Gockel heißt auch Gockel. Die zehn Hühner haben ebenfalls alle Namen: Henni, Gerti, Susi, Maria … – ich kann die Namen gar nicht alle behalten.

Jeden Morgen vor dem Frühstück geht mein Mann in

den Stall und begrüßt die Hühner mit einem herzlichen „Guten Morgen, meine lieben Hühner". Dann sammelt er die Eier ein und lobt jedes einzelne Huhn für seinen Legefleiß.

Anschließend lässt er sie hinaus ins Freie. Dort streut er Körner aus, damit alle gut satt werden. Dabei erzählt er den Hühnern, wie er geschlafen hat, was er geträumt hat und um wie viel Uhr er aufgestanden ist.

Nach dem Frühstück geht er wieder zu den Hühnern. Jetzt wird nämlich der Stall sauber gemacht. Dabei singt er den Hühnern einige Lieder vor, Volkslieder und alte Schlager. Mittags liest er den Hühnern Gedichte vor. Dann kommt oft der Gockel und pikst meinen Mann mit dem Schnabel ins Bein. Norbert sagt, dass der Gockel eifersüchtig sei, weil er sich so viel mit den Hühnern beschäftige. Ich denke mir dann meinen Teil und sage lieber nichts dazu. Ich bin nämlich auch ein wenig eifersüchtig – und zwar auf die Hühner, weil sie so viel Aufmerksamkeit bekommen. Ich kann den Gockel gut verstehen!

Am Nachmittag spricht mein Mann mit den Hühnern in der Hühnersprache. Tock, tock, tock und tuck, tuck, tuck. Am Abend dann – und darauf ist mein Mann besonders stolz – laufen alle auf sein Kommando wieder in den Stall. Alle – bis auf den Gockel, der braucht immer eine extra Einladung. Wenn alle Hühner im Stall sind, schiebt Norbert eine Kassette in den Kassettenrekorder und spielt ihnen klassische Musik vor. Anschließend wünscht er allen eine gute Nacht und macht das Licht aus. Er selbst geht ebenfalls schlafen, denn er muss ja am nächsten Morgen fit für seine lieben Hühner sein.

Ja, so sieht also jeder Tag bei uns aus. Aber eines muss ich sagen: Norberts liebe Hühner legen schöne dicke Eier – und die schmecken grandios!

Badewannentango

Es war Samstagabend, achtzehn Uhr. Badezeit! Jeden Samstag um achtzehn Uhr ging Willi Brehmer in die Badewanne. Ein Vollbad mit viel Schaum war für ihn die reinste Freude. Mit dabei waren ein Schiffchen und ein Gummientchen.

Kurz vor achtzehn Uhr ließ Willi das Wasser ein. Schön heiß musste es sein. Er füllte ordentlich Schaumbad hinzu, sodass sich eine weiße Wolkenlandschaft auf dem Wasser bildete. Ein großes Badehandtuch, sein Schlafanzug und ein Bademantel für danach lagen bereit.

Willi entkleidete sich und stieg langsam in die Wanne.

Das dauerte, denn das Wasser war heiß. Der Spiegel im Bad war schon ganz beschlagen. Und als er dann ganz entspannt in der Wanne lag, begann er zu singen. So wie an jedem Samstagabend um achtzehn Uhr.

„Ich sing' den Badewannentango, den Badewannentango, mit Schaum im Ohr!" Dann griff er sich die Seife und begann sich einzuseifen. Die Arme, die Beine, den Bauch und auch die anderen Körperteile. Er pustete in den Schaum, blies ihn von seinen Händen und türmte sich einen Schaumberg auf den Kopf. Dann setzte er das Schiffchen und das Gummientchen auf das Wasser. Er schubste das Schiffchen an, sodass es nun im Schaum umherschwamm.

Willi sang: „Ich sing' den Badewannentango, das weckt in der Wanne das Kind im Manne. Ich bin so schön wie Caruso, ich tu so und bin so froh, so froh, so froh." Inzwischen war es fast halb sieben und das Wasser war bereits abgekühlt. Also ließ Willi heißes Wasser nachlaufen. Dabei trällerte er: „O sole mio, meine Sonne, meine Wonne."

Nach weiteren fünfzehn Minuten begann seine Haut zu schrumpeln. Es war Zeit, die Wanne zu verlassen. Willi trocknete sich gut ab, zog den Schlafanzug an und dann den Bademantel darüber. Er zog den Stöpsel aus der Wanne und ging ins Wohnzimmer. Nun konnte er gemütlich im Sessel sitzend sein Buch lesen.

Geschichten für die Weihnachtszeit

Wie das Lied „Stille Nacht, heilige Nacht“ entstand

In Österreich gibt es einen Ort, der Oberndorf heißt. Dort steht eine klitzekleine weiße Kirche. Auf vier Holzbänken haben gerade mal fünfzehn Menschen Platz. Genau an diesem Ort stand aber vor zweihundert Jahren eine große Kirche. Und in dieser Kirche wurde das Lied „Stille Nacht, heilige Nacht“ zum ersten Mal gesungen. Aber erst mussten sich Joseph Mohr und Franz Xaver Gruber kennenlernen.

Joseph Mohr war als Hilfspfarrer nach Oberndorf gekommen. Er war noch jung und voller Elan. Er wollte helfen, wo er konnte, und geriet auch schon mal in Schwierigkeiten.

Franz Xaver Gruber war Lehrer. Er freundete sich mit dem Hilfspfarrer an und half ihm so manches Mal aus der Patsche. Lehrer Franz Xaver Gruber spielte die Orgel und besaß eine Gitarre. So verdiente er sich so manchen Groschen dazu.

Hilfspfarrer Joseph Mohr dichtete gerne. So saß er vor vielen Jahren wieder einmal an seinem Tisch und schrieb ein Gedicht. Es war ein Gedicht über die Geburt Jesu. Das war im Jahr 1816. Er textete:

Stille Nacht, heil'ge Nacht.
Alles schläft, einsam wacht,
nur das traute, hochheilige Paar.
Holder Knab' im lockigen Haar.
Schlafe in himmlischer Ruh,
schlafe in himmlischer Ruh.

Und im Jahr 1818 setzten sich die beiden Männer zusammen. Denn Franz Xaver Gruber spielte nicht nur die Orgel, sondern er komponierte auch gerne schöne Melodien. Und so schrieb er eine Melodie für das Gedicht „Stille Nacht, heilige Nacht". Einmal für die Orgel und auch für die Gitarre. Das war damals sehr ungewöhnlich, weil man die Gitarre nur aus den Wirtshäusern kannte. Sie war kein Kircheninstrument.

Doch als der Lehrer und der Hilfspfarrer das Lied sangen und die Gitarre dazu spielten, gefiel es den Menschen. Und bald sangen alle mit. Seitdem wird es immer an Weihnachten gesungen. Und viele Menschen fahren noch heute nach Oberndorf in Österreich, um die klitzekleine weiße Kirche zu sehen.

Anna verschenkt Besuch

Heiligabend war vorbei. Nun war der erste Weihnachtstag. Die kleine Anna saß im Wohnzimmer auf dem Teppich und spielte mit ihren neuen Spielsachen. Unter dem Weihnachtsbaum hatte eine neue Puppe gelegen, ein Puppenbett und ein großer Naschteller mit einem Marzipanschwein darauf. Plötzlich fiel der kleinen Anna die alte Frau Fuhrmann ein. Die wohnte ganz alleine im Erdgeschoss. Sie bekam niemals Besuch und Geschenke hatte sie bestimmt auch nicht bekommen.

Anna machte sich Sorgen und fragte: „Mama, kann man auch Besuch verschenken?"

„Ja, natürlich. Man kann seine Zeit verschenken, in Form eines Besuches", erklärte die Mutter. Anna zog sich ein hübsches Kleid an, nahm ein Glöckchen und stieg die Treppen hinab zu Frau Fuhrmanns Wohnung. Sie klopfte.

„Ja, so was!", rief Frau Fuhrmann, als sie die kleine Anna sah. Anna klingelte mit dem Glöckchen und sagte: „Frohe Weihnachten, Frau Fuhrmann. Ich möchte Ihnen einen Besuch schenken." Die alte Dame lächelte und ihre Augen leuchteten, als sie sagte: „Oh, wie schön! Komm herein, kleine Anna."

Anna trat ein und die beiden setzten sich in die Küche. Frau Fuhrmann zündete eine Kerze an und stellte

Weihnachtsgebäck auf den Tisch. „Magst du Kakao trinken?“, fragte sie.

Ja, Kakao mochte Anna. Es war ihr Lieblingsgetränk. Und als der Kakao fertig war, sagte Anna: „Ich habe ganz viel Zeit, wir können uns ganz lange unterhalten.“

„Das ist schön, denn ich habe auch ganz viel Zeit. Ich freue mich sehr über deinen Besuch“, sagte Frau Fuhrmann. Es war ihr erster Besuch seit vielen Jahren und es sollte nicht der letzte sein. Von nun an machte die kleine Anna jede Woche einen Besuch bei Frau Fuhrmann. Sie redeten, tranken Kakao, spielten Memory oder lasen sich gegenseitig etwas vor. Besuch zu verschenken ist eine großartige Sache.

Max macht Geschenke

Der kleine Max seufzte und sagte dann: „Schade, dass die Bescherung schon vorbei ist. Immer geht das Schönste so schnell vorbei. Das Christkind könnte ruhig mehrmals im Jahr kommen.“ Max war an Heiligabend reichlich beschenkt worden. Unter dem Weihnachtsbaum hatten viele tolle Geschenke gelegen. Eine Holzeisenbahn, ein Auto aus Metall, das richtig echt aussah, Bücher zum Lesen oder Anschauen und Spiele. Am ersten Weihnachtstag waren Onkel und Tanten gekommen, die ebenfalls Geschenke gebracht hatten. Und nun hatte Max so einiges doppelt. Zum Beispiel hatte er bereits schon einen Fußball. Auch ein Buch war nun doppelt. Das „Mensch-ärgere-dich-nicht"-Spiel besaß er nun ebenfalls zwei Mal. Und eine Taucherbrille hatte er auch schon. Max legte die doppelten Sachen zur Seite. Ihm war da eine Idee gekommen.

Über ihnen wohnte eine Familie mit zwei Kindern. Der Vater hatte seine Arbeit verloren und nun reichte das Geld kaum, um alle satt zu bekommen. Max' Mutter hatte schon einige Male Lebensmittel hochgebracht oder mal ein Stück vom selbst gemachten Kuchen. Deshalb fragte Max nun seine Mutter: „Mama, darf ich die doppelten Spielsachen den Kindern über uns schenken?"

„Ja, Max, das darfst du, denn ich weiß zufällig, dass die beiden Kinder keine Geschenke bekommen haben. Gehe nur, sie werden sich freuen." Max legte die Spielsachen in einen bunten Stoffbeutel. Dann nahm er noch einige Süßigkeiten vom Weihnachtsteller und ging nach oben. Er klingelte. Es war der zweite Weihnachtstag. Die Tür wurde geöffnet und Max wünschte fröhliche Weihnachten.

„Komm herein", sagte der Vater.

„Ich möchte Geschenke verteilen", sagte der kleine Max. Der Vater, die Mutter und die beiden Kinder setzten sich ins Wohnzimmer. Max sagte zu den Kindern:

„Das Christkind hat aus Versehen eure Geschenke bei mir abgegeben."

„Oh", sagten die Kinder und bekamen große Augen. Erwartungsvoll sahen sie Max an. Was das wohl für Geschenke waren? Sie konnten es kaum erwarten. Dann griff Max endlich in den bunten Stoffbeutel. Ein Fußball kam zum Vorschein, dann die Taucherbrille, das „Mensch-ärgere-dich-nicht"-Spiel, ein Buch und Süßigkeiten. Schokoladenherzen und Marzipanbrot. Die Kinder freuten sich sehr und wollten gleich spielen. Doch die Mutter sagte: „Halt, nicht so schnell! Wir wollen uns erst bedanken. Bei dir Max, weil du so lieb warst, die Geschenke zu bringen. Aber auch beim lieben Gott. Wir wollen dankbar sein, dass er uns nicht vergessen hat."

Max freute sich, dass er anderen eine Freude machen konnte. Denn Freude geben heißt auch, Freude erleben. Anderen eine Freude bereiten macht glücklich. Und Max hat dieses Weihnachtsfest nie wieder vergessen.

Ein Weihnachtsengel erwacht

Als der kleine Weihnachtsengel erwachte, wusste er zunächst gar nicht, wo er sich befand. Lag er doch die letzten Wochen in einer Schachtel in einem Geschäft. Und nun hing er an einem festlich geschmückten Weihnachtsbaum. Neben ihm hingen schöne rote Glaskugeln. Auf der Spitze des Baumes war ein goldener Stern aufgesteckt. Rundherum gab es Kerzen, alles sah so festlich und feierlich aus. Das gefiel dem Weihnachtsengel und zum ersten Mal war ihm ganz weihnachtlich zumute.

Eine raue barsche Stimme holte ihn aus seinen Träumereien zurück. „Hallo da oben, wer sind Sie denn?" Der Weihnachtsengel schaute nach unten und sah einen bunten hölzernen Herrn.

„Und wer sind Sie?", rief der Weihnachtsengel.

„Na, mich kennt doch jeder. Ich bin der berühmte Nussknacker", empörte sich der bunte Mann.

„Ich bin der Weihnachtsengel. Einen Nussknacker habe ich noch nie gesehen." Der Nussknacker lachte laut und seine Zähne klapperten dabei. Dann rief er: „Kannst du Nüsse knacken?"

„Nein", kam es zaghaft zurück.

Der Nussknacker sagte: „Du siehst so farblos aus. Schau mich an, ich bin bunt und trage eine Mütze aus Fell." Da schämte sich der Weihnachtsengel. Tatsächlich trug er nur ein weißes Hemdchen und auch die Flügel waren weiß. Nur seine Bäckchen waren rosa. Er war farblos und konnte nichts. Da wurde der kleine Weihnachtsengel ganz traurig. Eine winzige Träne rollte über sein Gesicht.

Am Abend kam der Vater in die Stube und steckte

die Kerzen in Brand. Das roch so gut und es wurde schön warm. Die Mutter legte Geschenke unter den Weihnachtsbaum. Dann läutete sie mit einem Glöckchen. Herein kam ein kleines Mädchen mit leuchtenden Augen. Sie besah sich den Weihnachtsbaum, der im Kerzenschein glitzerte. Dann sah das Mädchen den Weihnachtsengel. Das Mädchen rief entzückt: „Oh, ist der schön. Er ist so wunderschön."

Da machte es bumms. Der Nussknacker war vor Ärger umgefallen. Der Weihnachtsengel aber war glücklich und seine Bäckchen wurden noch rosiger. Denn er verstand: Auch ein schlichter Weihnachtsengel kann schön sein und Freude bringen. Und so ist jeder auf seine Weise zu etwas Nutze.

Spaß mit Reimgeschichten

Das Leben der Tiere

Über das weite Land fegt ein Sturm,
auf der weichen Erde kriecht ein … (Wurm).
Viele Vögel fliegen am blauen Himmel,
ein weißes Pferd ist immer ein …(Schimmel).
Im Wasser schwimmt ein Fisch,
eine Fliege sitzt auf dem … (Tisch).
Eine Katze schleicht ums Haus,
im Keller wartet die … (Maus).
Im Schlamm suhlt sich ein Schwein,
ein Schwan schwimmt auf dem … (Rhein).
Im Zoo gibt es viele Giraffen,
und auch ziemlich lustige … (Affen).
Der Maulwurf lebt tief unter der Erde
und auf der Weide sind schwarze … (Pferde).
Auf der Hühnerleiter schläft ein Huhn,
ein Frosch am Teich hat nichts zu …(tun).
In der Nacht jagt die Eule eine Maus
und nun ist die Geschichte … (aus).

Der Angler

An einem Fluss ein Angler sitzt,
und in der Sonne mächtig … (schwitzt).
Er hofft auf einen großen Fisch,
gebraten mittags auf dem … (Tisch).
Doch Regen, Hagel und viel Wind
treiben ihn nach Haus ge… (schwind).

Der faule Paul

Mein Mann, der heißt Paul,
und der ist schrecklich … (faul).
Ehrlich, ich hab nichts zu lachen,
alles muss ich alleine … (machen).
Dabei habe ich es sehr im Rücken,
kann mich manchmal sehr schlecht … (bücken).
Putzen, bügeln, kochen, waschen,
Pauls Hände sind in den … (Taschen).
Ich racker mich ab den ganzen Tag,
aber Paul nur im Sessel sitzen … (mag).
Krümel und Papier
liegen auf dem … (Klavier).
Nun reicht es mir, ich zieh ins Hotel,
und das lieber ganz, ganz … (schnell).

Die Uhr schlägt zehn

Zehn Uhr – die Menschen schlafen ein,
am Himmel strahlen Sterne, hübsch und … (fein).
Überall sind die Lichter aus,
die Träume ziehen von Haus zu … (Haus).
Jeder schließt die Augen zu,
es herrscht angenehme … (Ruh).
Still ist es in Straßen und Gassen,
einige können das Plappern nicht … (lassen).
Schwarz hängt sich die Nacht hernieder,
bald schließen sich alle Augen… (lider).
Zehn Uhr – die Welt schläft ein,
Frieden kehrt in alle Herzen … (ein).
Gott schickt uns ein Engelein,
das wird an unserem Bette … (sein).

Einen Schlitten

Ein Kind muss einen Schlitten haben,
egal ob Mädchen oder … (Knaben).
Liegt im Winter Eis und Schnee,
wenn zugefroren ist der … (See),
man darf nicht zappeln und nicht wippen,
sonst könnte, schwupps, der Schlitten … (kippen).

Und dann, oh weh, oh weh,
liegt man mit der Nas' im ... (Schnee).
Dann lachen alle Mädchen und Knaben,
ja, einen Schlitten sollte man ... (haben).

Verrückte Tierwelt

Ich wundere mich doch sehr,
auf der Terrasse steht ein ... (Bär).
Wie kommt der Bär dahin?
Es will mir nicht in den ... (Sinn).
Als ich sah zur Uhr,
stand ein Pferd im ... (Flur).
Wie kommt das Pferd dahin?
Es will mir nicht in den ... (Sinn).
Auf dem Dach steht eine Kuh,
die ruft ganz laut ... (muh).
Wie kommt die Kuh dahin,
es will mir nicht in den ... (Sinn).
In meinem Apfelbaum, da turnt ein Affe
und die Apfelblüten frisst eine ... (Giraffe).
Wie kommen die dahin?
Es will mir nicht in den ... (Sinn).
In der Küche hockt ein Huhn,
was hat es da zu ... (tun)?

Wie kommt das Huhn dahin?
Es will mir nicht in den … (Sinn).
In meiner Wanne schwimmt ein Fisch,
will er gebraten auf den … (Tisch)?
Wie kommt der Fisch dahin?
Es will mir nicht in den … (Sinn).
In meinem Bett, da schläft ein Schwein,
das muss doch wohl nicht … (sein).
Wie kommt das Schwein dahin?
Es will mir nicht in den … (Sinn).
Hier passieren komische Sachen,
liebe Leute, was soll ich nur … (machen)?
Eine wirklich verrückte Welt,
vielleicht bekomm ich dafür … (Geld).
Doch nun ist die Geschichte aus,
und alle Tiere gehen nach … (Haus).

Ein Gartenhäuschen

Ich baue mir ein Gartenhäuschen, ganz allein,
es soll in einer Woche fertig … (sein).
Am Montag räume ich den Bauplatz frei,
am Dienstag schaffe ich das Holz … (herbei),
am Mittwoch baue ich die Wände auf,
am Donnerstag kommt das Dach … (darauf),

am Freitag werden die Fenster gemacht,
am Samstag Tische und Stühle ge…(bracht),
am Sonntag back ich einen Kuchen,
du kannst mich ja be… (suchen).

Als mein Gartenhäuschen fertig stand,
setzte ich mich an die Wand
und betete ein Dankgebet:
Gott unser Herr, segne mein Gartenhaus,
segne das Brot und allen anderen Schmaus.
Bewahre es vor Sturm und Feuer,
und alles, was mir lieb und teuer.
Lass nur alles Gute herein
und tritt auch du selber ein.
Lass Blumen, Obst und Gemüse gedeihen,
dir möchte ich alles weihen.
Treuer Gott, breite deine Arme aus
und segne dieses Gartenhaus.
Amen.

Von Gott kommt alles her

Unser Land von nah bis ferne,
Himmel, Mond und ... (Sterne),
von Gott kommt alles her,
der Sand und auch das ... (Meer).
Das Obst, der Baum, die Blätter
und auch das warme Frühlings... (wetter),
das Korn und auch das Brot,
wir leiden keine ... (Not).
Von Gott kommt alles her,
das freut uns wirklich ... (sehr).
Im Sommer wächst der Klee,
im Winter gibt es ... (Schnee).
Von Gott kommt alles her,
auch die Fische im großen ... (Meer).
Den Winden lässt er seinen Lauf
und täglich geht die Sonne ... (auf).
Von Gott kommt alles her,
dafür danken wir ihm ... (sehr).

Weitere Titel von Ulrike Strätling:

Heut machen wir ein Picknick
Wie-geht-was-Geschichten zum Vorlesen für Demenzkranke
ISBN 978-3-7655-4196-4

Die schönsten Märchen der Gebrüder Grimm
Jahreszeitengeschichten zum Vorlesen für Demenzkranke (Bildband mit Illustrationen)
ISBN 978-3-7655-3103-3

Ein Korb mit fünf Broten
Bibelgeschichten nacherzählt für Menschen mit Demenz, ISBN 978-3-7655-4285-5

Rosenduft und Sonnenschein
Natur- und Tiergeschichten zum Vorlesen für Menschen mit Demenz
ISBN 978-3-7655-3189-7

Wie die Zeit vergeht
Geschichten zum Vorlesen für Menschen mit Demenz
ISBN 978-3-7655-4312-8

Wenn die Zeit verloren geht
Praktische Tipps für Angehörige von Menschen mit Demenz
978-3-7655-4336-4

So ein schöner Tag
Vorlesegeschichten für Menschen mit Demenz
ISBN 978-3-7655-4253-4

Das schönste Lebkuchenhaus
Weihnachtsgeschichten zum Vorlesen für Demenzkranke
ISBN 978-3-7655-4166-7

Omas Kuchen ist der beste
Geschichten zum Vorlesen für Demenzkranke
ISBN 978-3-7655-4155-1

Als die Kaffeemühle streikte
Geschichten zum Vorlesen für Demenzkranke
ISBN 978-3-7655-4123-0